山村留学へ行きませんか

三好惇二

悠光堂

はじめに

２０００年９月23日、長野県八坂村にある山村留学センターで「青木孝安先生の古希を祝う会・山村留学25周年の集い」が行われた。第一部の式典が終わり、第二部の懇親会が始まろうとしていた。山村留学生の食堂や宿題などに使用される大広間は、ギッシリ、人で一杯だった。

懇親会が始まる前に、山村留学育てる村学園同窓会会長である野坂喜一さんが挨拶された。

「……しかし、『育てる会』の山村留学の歩みは、順調とは言えなかった。子どもを親元から出すことに世間は批判的だったし、親から離れて子どもを教育するなど考えられなかった。この場で話すことではないかもしれないが、A君は、脱走して東京まで帰ったこともあった。子どもをセンターに残して帰る時は、親も泣いたものである。批判的な空気は、この八坂村にもあった。経済的にも青木理事長は、苦しかった。『育てる会』の運営で、財政面がずさんだといって離れていった人もいた。子どもが病気になれば、信濃大町まで運ばなければならなかった。……略」

普通の挨拶は、業績を讃え、今後の発展を祈念する内容がほとんどである。野坂さんの人柄なのか、青木孝安氏は、ニコニコして話を聞いておられる。型破りな挨拶を認めている青木孝安氏を見て、私は〝この人は、ほんものだ〟、と思った。

私が、定年退職してから、今日まで山村留学に関わったのは、この挨拶の場面から始まった。私が、子どもを山村留学に出して、子どもは大きく成長し、私も変わった。それが山村留学について調べてみたいと思うようになった元である。

それから、私の父の生き方にある。

父は、島根県の小さい町で92歳まで生きた。55歳で定年退職してから、私立高校の常勤講師として勤務した。69歳の時、妻（私の母）が亡くなって退職し、70歳からは自宅で「文学講座」を月1～2回開き、約10年間、通算２４０回くらい行った。

退職してからも好きなことをして父は生き生きと暮らしていた。

父の生き方を見て、私も「退職してから何か一つのことをやり続け、社会に役立つことをして自分のいきがいにしたい」、と思い続けていた。

山村留学とは

都市部の小・中学生が、親元を離れ、住民票を山村に移して、小・中学校へ1年間通学する。センター[※1]（寮）や受け入れ農家・里親[※2]の家で生活し、異年齢集団の中で暮らす。センターには、専任の指導員がいて、子ども達の親・兄さん・姉さんになって生活を共にし、土日は、野外活動の指導を行う。

「山村留学」という新しい教育活動は、１９７６年から、財団法人[※3]「育てる会」青木孝安氏が長野県の八坂村で始めて、２０１５年で40年になる。

この本を書きたいと思ったきっかけは、

①「山村留学」は、児童・生徒、保護者、山村留学実施地区や自治体に様々な良い影響を与え、効

果をあげていることを読者のみなさんに知ってほしい。そして、わが子を「山村留学」に出してほしい、と願ったからである。

②全国を回って山村留学地を見学してみると、さまざまな形の「山村留学」があった。その中で、〝山村留学とは何か〟をはっきりさせることが大切だと感じた。

③1年間の山村留学が始まって40年になる。山村留学がどのようにして始まったのかを記録しておきたいと思ったからである。

※1：センターという用語は、NPO法人・全国山村留学協会の全国統計では、「寮」という表現を使用しているが、全国を調査してみると、「センター」という用語の方が多く使用されているので、それに従う。

※2：里親↓厚生労働省管轄の親がいない子どもを養育する施設から里子として預かり育てる親を里親というのが本来の意味であるが、ここでは、山村留学生を預かる農山漁村の家庭のことを示す。ホームスティ先といっても良い。
但し、「山村留学」を創始した（公財）「育てる会」は、最初から「受け入れ農家」または「預かり農家」と言っている。その歴史を尊重し、その用語を使用した。（修園生[※4]の話の中に、預かり農家という用語が出て来る）
里親と受け入れ農家は、山村留学生を預かる家庭のことで、全く同じ意味である。

※3：2014年に公益財団法人に発展した。

※4：修園生とは、山村留学を終えて実家に帰った児童・生徒のことである。（卒園生と呼ぶ所もある）

目次

【七】山村留学の課題と展望

【八】山村留学へ出す時の留意点

カバー画：奥村万希子
題　字：三好　裕子

#【一】山村留学の1年間

（公財）「育てる会」が運営する長野県の八坂美麻学園の生活を中心に、紹介したい。

一学期
4月

入園のつどい

2日または3日に行われる。春に一番早く咲く花〝だんこうばい〟の小枝を持って山村留学の新入園生と継続生が舞台にあがり、1人ずつ、1年間暮らす決意ややりたいことなどを述べる。

小・中学校の入学式・始業式

新入園生は、全校生徒に紹介される。

日常の生活

5:50	起床、ふとんを畳む、着替え、洗面、〝朝のつどい〟がある。ラジオ体操、やまびこ挨拶（大きい声で山に向かって全員で「おはようございます」と挨拶）、気温の報告、指導員の自然に関わる話（5分以内）、連絡。（全部で15分以内）
6:30	朝食
7:10頃	登校。片道、八坂小まで約4km、八坂中まで6・5km、美麻小・中約5km（全国を訪問してみると、学校の敷地内にセンターが建っている場合もあり、片道2km以内の所が多い）

登校

朝のつどい

入園のつどい

8：30	授業が始まる
15：30	小学校の授業が終わる
16：30頃	小学生はセンター（または受け入れ農家宅）に帰って来ておやつ、宿題、洗濯等
17：30	入浴
18：30	夕食、中学生は、クラブ活動があるので夕食に間に合うくらいに帰って来る
19：30	掃除をしたら自由時間。宿題・学習、太鼓・民舞の練習等をする
21：00	小学生就寝（全国共通）
22：00	中学生就寝（全国共通）

ふとんを畳む、洗濯して干す・たたむ・しまう、掃除、自分で教科書・教具等を準備する。通学、集団での生活、テレビやゲームが無い生活に慣れるには、4月一杯はかかる。

特に、長い通学路と自分で身のまわりのことをするのは新入園生にとっては、たいへんなことである。

好き嫌いは、原則として認められないが、通学と活動でおなかが空くので食べられるようになる。（食物アレルギーは考慮）

箱膳

黙祷

配膳

洗濯

1学期の間だけ、保護者は、学園が指定した日以外は訪問できない。(全国的にこの決まりは多い) その理由は、新入園生が、保護者の顔を見て、里心がつくのを防いで、学園生活に早く馴染んで欲しいからである。

☆4月2~25日前後、約20日間センターで暮らしている間に、指導員と職員は山村留学生の組み合わせを考えるために山村留学生の性格などを観察し、どの受け入れ農家にどのグループを預かってもらうかを決める。

農家対面式

4月25日前後に山村留学生と受け入れ農家と初めて顔合わせをする。山村留学生は、受け入れ農家に荷物を持って移動する。

どの受け入れ農家に、誰と組んで行くことになるのか、山村留学生は関心を持っている。山村留学生の組み合わせによっては、1年間の山村留学が楽しいかどうかを左右するからである。受け入れ農家と山村留学生との間でもめ事があって受け入れ農家を交代することはほとんどない。(受け入れ農家の方が病気のため途中代わることはあった)

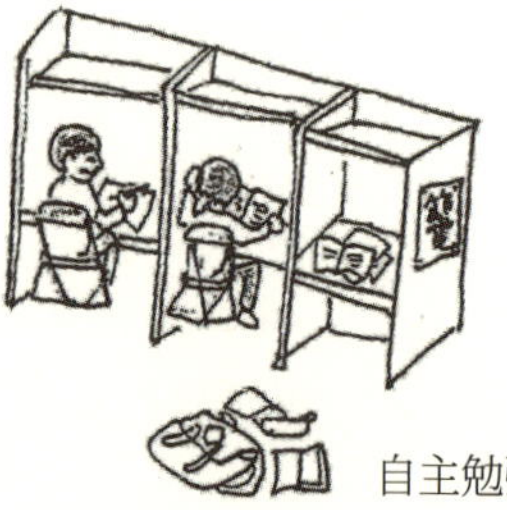
自主勉強

5月

受け入れ農家訪問

連休になると保護者がセンターに来て子どもたちと一緒に山菜採りや味噌仕込みをして、受け入れ農家を訪問する。（連休に保護者が来るのは、全国共通でしている所が多い）

子どもは慣れない生活を1ヶ月暮らしてきた。親は子どものいない生活をしているので待ちに待った日であるが、なかには、「私は会いたくて仕方がなかったのに、ちっとも来てくれない」と母親を嘆かせる子どももいる。子どもの方は「親が来ていない子がいるのに、自分だけ喜べない」とも言っている。

自分の位置・役割

5月までにだいたい、集団の中の自分の位置が定まることが多い。自分の役割も、およそ、分かってくる。

（喧嘩も、ここまでによく起こる）

農家生活

6月

日常生活（センター、受け入れ農家）や通学にも慣れてくる。

足が痛いのも、ほぼ、おさまる。この通学路で、山村留学生は、道草をしながら、若葉や紅葉や草花を見て、木苺・アケビ・栗・柿等を採って食べたり、蛇・鳥・リス・タヌキ・キツネ・鹿・カモシカ・猿等を見る場となる。（極めてまれに、遠くに熊を見ることも）友達と遊びながら帰る場でもある。「唯一、自分1人になれる」場だったという山村留学生もいた。

　更に、「自然の怖さ」を知る貴重な場でもあったようだ。文化祭の準備やクラブ活動で遅くなって、センターや受け入れ農家宅に帰る時、トップリと日が暮れた中を歩いた。「その時の〝暗闇・風の音・野鳥の鳴き声〟の怖さは、生涯忘れられない」、と複数の山村留学生がインタビューで話してくれた。

　早く慣れた子は、村の子どもと見分けがつかない程溶けこんでいる。

通学合宿

　4年生または5年生の地元の児童が山村留学生とセンターで4泊5日の宿泊を体験し、通学する合宿がある。

キイチゴ　　クワの実

帰省

二学期

7月

夏休みは、都市部より遅く7月25日頃から始まる。同じ方面の子どもが一緒に、東京や大阪などへ帰省する。8月25日前後には2学期が始まる。

8月

ここ数年は、8月下旬になるとアジアから中・高・大学生が来て、山村留学生と交流している。

9月

行事が多いので、保護者の来る回数が増える。(全国共通)

運動会

小、中各単独。近年は、児童・生徒数が減少して、小中合同や幼・小・中合同で行う所もある。幼・小・中と地区の大人の運動会が合同の所もある。

収穫祭全体の準備が始まる

収穫祭の全体像がほぼ決まる。その中の一つ、個人体験発表のテーマが決まって、本格的に調査・制作・聞き取り等が始まる。

本来は、4月から個人体験発表のテーマを決めて取り組むこと

村民運動会

になっているが、新入園生は、何をしたらいいか分からないし、継続生も大半は、9月から具体的に活動することが多い。（但し、稲作・畑作など、長期間の観察や活動が必要なものをテーマにした山村留学生は、4月から取り組んでいる）

和太鼓、民舞の練習も本格的になる。

稲刈り（手刈りと機械による）、野沢菜とそばの植え付けをする。

10月

脱穀（千歯こきや足踏み脱穀機の体験、機械による脱穀）

月末から、紅葉が始まり、その美しさには目を見張る。

ある山村留学生は、山村留学の生活に慣れず、悶々としていたが、一日を境に、ガラリと風景が変わり、全山紅葉が終わり、葉が落ちて裸の梢を見て愕然としたと言う。「私は、紅葉すら気づかないで暮らしていた。このままではいけない」、と気づき、ふっきれた、と述べている。

11月

収穫祭

「育てる会」最大の行事である。

竪穴式住居づくり

塩の道を完歩する

収穫祭：自然に感謝する式

前夜	ＯＢの山村留学生と保護者の紹介が現役の保護者にされる。（1日目夜の所もある）
1日目	○自然に感謝する式 ○農事暦の発表 ○個人体験発表 ○和太鼓と民舞 （年により民話劇）（学園によっては、保護者の劇や合奏がある） ○会食会（受け入れ農家を中心に、山村留学生と保護者がテーブルを囲んで会食する。料理は保護者が作る。会食会には、ＯＢの山村留学生や保護者も参加する）
2日目	○模擬店とバザー（保護者が中心になって行う）

この収穫祭で、山村留学の成果が発揮される。８ヶ月余りの生活で成長していることを実感する。体付きや表情、発表の様子、和太鼓演奏や民舞、民話劇を見ると子どもたちが活き活きと活動している。

私が山村留学に子どもを出した頃は、この収穫祭で子ど

農事暦

個人体験発表

収穫祭・模擬店

三学期

1月　　　　　　12月

もの成長した姿に感激して涙する保護者が、私も含めて多かった。収穫祭まで続けば、山村留学は続けられる。これ以後の中途退園はほとんどない。

学校の音楽祭（小学校）、文化祭（中学校）

三者懇談（中3は進路懇談）

保護者は、遠方のためなかなか来られないので文化行事の時に、懇談を入れることもよくある。（全国共通）

PTAの保護者懇親会

○雪が降り、雪遊びをするようになる。（カマクラ、ソリ）
○野沢菜の漬け込み
冬休みは、12月25日前後に始まり、1月7日前後に3学期が始まる。

スキー（土、日に行う）、雪遊び（カマクラ、ソリ等）、雪中キャンプ

干し柿づくり

雪中キャンプ

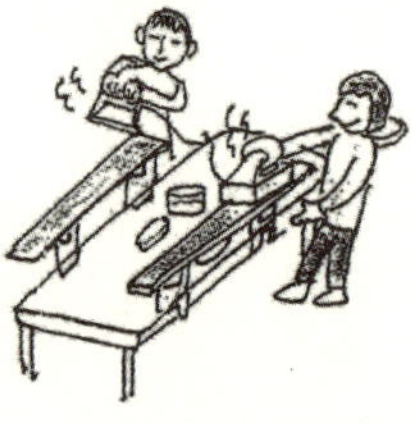

スキーのチューンナップ

2月

スキー、クロスカントリー

○山村留学生は、よく歩いているので、スキーもすぐに上達する。

○この月に1週間の寒中休みがある。（他学園を訪問したりして、実家には帰らない）

○来年も継続するか退園するかを指導員と面接し、保護者と相談して決める。経済的に無理な場合もあるが、全国的に継続することが多い。

クロスカントリー・スキー

3月

修園のつどい

1年間の山村留学を終えたことを讃え、修了賞を渡す。（全国共通、但し、全国的には、修了証が多い）

1年間の成果である、和太鼓演奏や民舞を披露する。

最後に受け入れ農家を囲んで、山村留学生と保護者が一つのテーブルで会食をする。

足型の比較
左：4月
右：3月

通年行うこと

（1）稲作

4月　田起こし、畦づくり、代掻き　5月　田植え
6・7・8月　除草・畦やのり面の草刈り
9月　稲刈り　10月　脱穀

「育てる会」以外の山村留学地でも稲作を実施している所は多いが、田植えと稲刈りだけをイベントとしてやる所が多い。

（2）一坪百姓

希望する山村留学生にある区画の畑が与えられ、自分の好きな作物を育てる。夏休みは世話ができず、雑草が茂る。これが悩みの種らしい。（学園によっては、2年目以上の継続生がする）

（3）受け入れ農家の暮らし

①月の半分を受け入れ農家で、4～5人の山村留学生が一緒に暮らす。農家は、山村留学生を自分の家の子どもとして接し、子ども達は、受け入れ農家の方を〝父さん〟〝母さん〟と呼ぶ。（八坂以外の5学園と全国の里親では1、2人の山村留学生を

田起こし

代掻き
田植え

田んぼの草とり

野菜の苗植え

預かることが多い）

②受け入れ農家では、

ア、一緒に食事をする。

イ、受け入れ農家の仕事に接する。

ウ、疑似兄弟姉妹関係を体験する。

　現在の都市生活では、父親と家族が揃って夕食を共にしたり、父親が、仕事をしている姿を見ることがほとんど無いので子ども達にとっては新鮮に写るようだ。一人っ子、男兄弟、女姉妹にはとても良い体験だったようだ。インタビューにあらわれていた。

調理や食器洗い、風呂を沸かす、玄関掃除等の農家の手伝いをする。また、農作業を手伝う。（畑作物の収穫、大根・野沢菜を洗う等）地域によっては、屋根からの雪下ろしをする。

　受け入れ農家や里親から「近年の親は、子離れしていない。父親が挨拶できない。食事を作らず、総菜を買ってくる。ファミリーレストランを使いすぎる。お金で万事を済まそうとす

野菜収穫

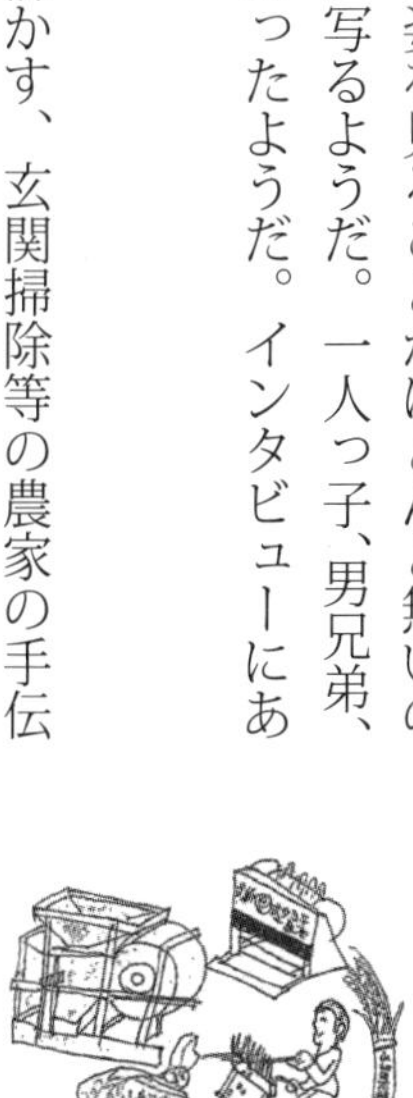

脱穀

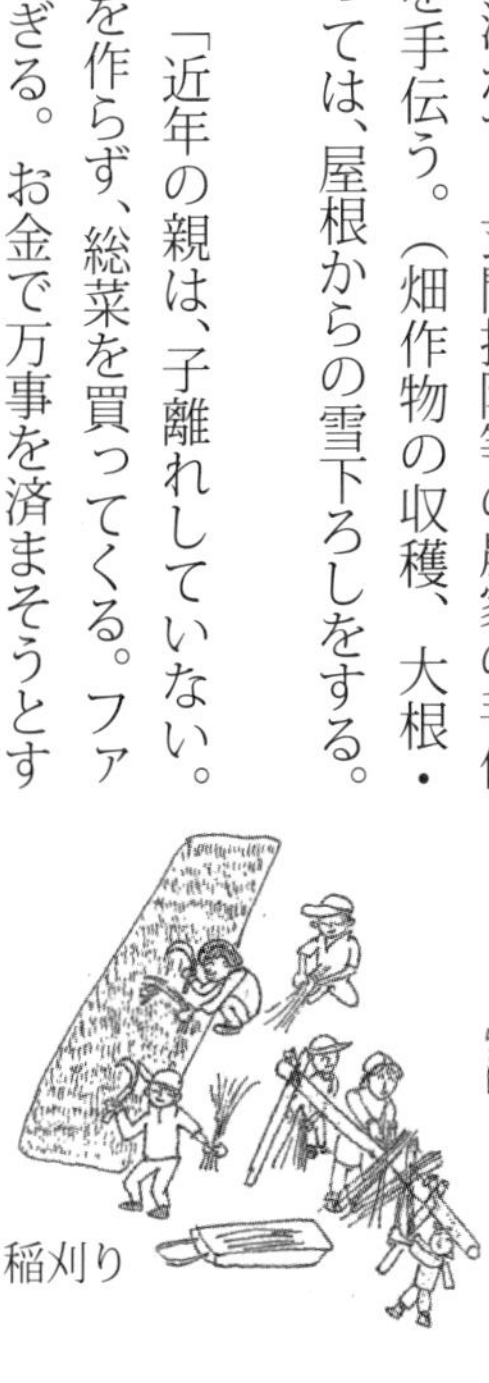

稲刈り

る。手を掛けて子育てをしていない。」などと聞くことが多かった。

【二】山村留学は、親育て

【一】で記した「山村留学」にわが子二人を出した前後のお話をする。

第一回〜第十五回は、（財）「育てる会」発行・月刊誌『育てる』に2003年6月号〜2004年10月号まで連載されたものを一部手直しして転載している。

第十六回〜最終回（第二十回）は、2014年に新たに子どもと私で書き下ろしたものである。

私の生い立ち

第一回

亮（1年間）と佐穂（4年間）の山村留学が終わった。山村留学を振り返ってみると、子どもが大きく成長したと同時に、親も育ててもらった。

２００３年に、私は定年退職して、親子共に育ててもらった（財）「育てる会」の役にたつことはないか、と考えた。自分にできそうなことをまとめ、（財）「育てる会」東京本部に、青木孝安先生と厚志さんを訪ねた。その時、青木先生から「機関誌『育てる』に連載記事を書いてみないか」、と言われた。思わぬ依頼に、驚き、戸惑いもあったが、山村留学を通して家族の変化や自分の変化を書いてみたいと思って、受けることにした。

私は、１９４３年、島根県の西端に近い日原町（現津和野町）で生まれた。鮎とワサビがとれる川沿いの小さな田舎町である。

太平洋戦争の最中で、栄養状態は最悪で、母乳が出ず、粉ミルクも無く、栄養失調で死にかけたという。身体が弱く、小学３年生で、気管支喘息になった。６年生の時は、発作止めの静脈注射の打ちすぎで、２度目の死に直面した。

小学３年生から中学２年生までの６年間は、登校日数２４０余日の内、半分以上欠席している。母親が心配して、中学２年生が終わった春休みに、京大付属病院へ検査入院させてくれた。その結果、転地療法しかないと言われ、候補地の１つが大阪だった。故郷に帰って数日後、両親が私を呼んで、「大阪に転地したらどうか、大阪にはお前の兄が就職している。お金はあまり無いので、公立高に合格すれば、学資は送ってやる。このまま、日原にいてもよい。どの道を選ぶか、自分で決めなさい。」、と言った。

この時の決断が今日の私という人間を形成する上で、最初の大きな転機となった。

学力は、地元の高校にも合格できない状況だった。私の中学校からは、何年かに一度、首席の生徒が、松江の県立高に行く程度で、当時、東京・大阪の学力の高い公立高に行くなど夢物語だった。

私は、「喘息発作の苦しみから逃れたい」という一念で、やってみる決心をした。体が弱いので、毎日2時間、学習することから始めた。参考書は東京から取り寄せてもらった。分からないことばかりで、毎日、職員室に通い続けた。数学の先生が悲鳴をあげて、「三好よ、ちょっと煙草を吸わせてくれや。」とおっしゃったことを昨日のことのように思い出す。

3年分を10ヶ月で取り戻し、大阪の公立高に合格した。それまで何もできなかった私にとってこの体験で、「やればできる」という自信になった。

島根県日原町（現津和野町）

1958年から兄と2人で、アパートで暮らすことになった。高校1年から、親と離れて生活した体験が、後に子どもを、山村留学に迷わず送り出すことができた。

私の父は、明治生まれで、大学を出て教師をしていたが、召集されて軍隊に行った。戦後、高校教諭、中学校校長をした厳格な人で、食事は、ゆっくりと食べたことがなかった。癇癪玉がいつ飛んでくるかわからない、びくびくした生活だった。そのせいか食事の早食いがいまだに直らない（50代後半から、酒を飲むと、惇二には悪いことをした、と言って泣き上戸になった）。

母も明治生まれで、田舎町では珍しく、短大まで行った文学少女だった。知性と決断力は優れていたが、家事や育児は好きではなかったため、母親に甘えた記憶は全くない。ただ、私の病気を考え、当時としては、破天荒な、子どもを大阪に出すという決断をしてくれたことには、感謝しても仕切れないほど、有り難いと思っている。（京大の検査入院の時、母だけ呼ばれ、このままでは、20歳前後までの命でしょうね、と医者から言われた、と私が社会人になった時初めて話してくれた）

喘息の発作がない時は、川で泳ぎ、山でチャンバラごっこをして遊んだ。当時、食料は不足がちで腹がへってたまらない、柿・栗・椎の実・グミ・すもも・あけび・イチジク・すいば[※1]等、食べられる物はなんでも食べた。小学生から中学生の縦割り集団の遊びは面白かった。なぐり（ビー玉のこと）、ぱっち（関東でメンコというらしい）こま・木登り・東京ぼうさ（かくれんぼの変形）・胴馬・模型飛行機・爪上げをして、夢中になって遊んだ。

大学では器械体操部に入部し、体力をつける努力をした。卒業論文は、池・ダム・湖のプランクトンを採取する生態学で、重いリュックを背負ってあちこち旅をした。今、思うと、大学でも自然を相手にしていたのだ。当時、その意識は全くなく、指導教官の人柄に惹かれて研究室に入ったのだった。

１９６５年４月、大阪府の寝屋川市で、中学校の理科の教師として、社会人の第一歩を踏み出した。以後、定年退職するまでの38年間、同市で４つの中学校に勤務した。しかし、理想と純粋さを教師の世界に求めていた私にとって、現実の教師の世界は醜く失望も激しかった。少しでも良い学校になるよう取り組んでいる先輩や、私の生き方に柱を据えてくれた生涯の友人となったM先生との出会いに恵まれた。

２年目に教師を辞めたいと考えた。生徒が持ってくる草花や岩石の名前が全く解らず、生徒からは、「なぁ～んだ」という目で見られて、自信を失った。M先生から「辞めるのは、何時でも辞められる。あんたは、歴史が好きだから、社会科に転向したらどうか」と助言された。大学の指導教官にも相談すると、教授は理学科にもかかわらず「わかった、紹介状を書いてやるから、夜間の大学がどんなものか、行って見ろ」、と言ってくださった。

※１：すいば→イタドリ・スカンポのこと。

子をもつ親に　第二回

夜間大学の文学部の３回生編入試験を目指して、２度目の猛勉強をした。無事、編入試験に合格した。昼間、教師として働きながら、夜は大学で２年間、歴史を学んで、社会科の免許を取った。

70年安保の時代で、教師の汚さに対する憤りに加えて、社会に対する目が開かれた。夜間の同級生からは、教師という仕事の重要性を教えられて、新たな気持ちで、現場に帰って来た。

すぐれた教育実践や人間的にも素晴らしかった女性の先輩教師O先生が学級経営のイロハから教えてくださり、一人前の教師に育ててもらった。熱意と誠実を持ち味として教壇に立った。夜間大学を卒業後3年して社会科に変わった。今思うと、一つの課題を追及したわけでもなく、優れた成果を出したわけでもない。その時々の自分が面白いと思ったことに力を入れて、やっただけである。山村留学へ子どもが行くまでは、視野も狭く、度量も小さかった。生徒の心を理解できるようになったのも、山村留学に出会ってから最後の5年間ぐらいである。担任した時、学級新聞を欠かさず毎週発行したのが、特色といえば特色か、と言えるぐらいである。

私の好きなことは、映画を見ることだ。高1から今日まで続いている。大学から20代前半までは1年間に百本以上見ている。今でも年間40~50本は見る。

次が山歩きだ。18歳の時、友人に誘われ、南アルプスの仙丈ヶ岳の日の出を見てから、脳梗塞で倒れる58歳まで、40年続けた。毎夏、20kg前後のザックを担いで夏山縦走に出かけ、子どもに「お父さんは、すごいなぁ~」という印象を与えた数少ない場面だった。

脳梗塞の後遺症で、自分の意志に関係なく左に傾く。リハビリを兼ねて街道歩きに変更した。

最後が、「シルクロードの旅」だ。ベネチアから北京までのマルコ・ポーロが辿った路を友人のIさんと旅行した。あと一回、イスラマバードからイスタンブールまで行けば完結する。中国のトルファン、タクラマカン砂漠、中国とパキスタン国境のクンジュラブ峠（標高４８００ｍ）、サマルカンド、イスタンブール、ベネチアは、強い印象を残した。失敗しながら旅する個人旅行は面白い。アンカラからイスタンブールまでの寝台特急に乗ることを楽しみにしている。

私は、34歳の晩婚で、亮が生まれたのは40歳の時だった。子どもと心を通わせることができなかった私にとって、子育ては、精神的・肉体的に辛かった。

時々公園へ連れて行くこともあったが1～2歳の子どもと公園で過ごすのは苦痛だった。

　今思えば、子どもの目線までおりて私が子どもを理解できていなかったのだろう。私は子どもと一緒に遊んだり、話すことができなかった。それどころか、私が何かをしたい時、子どもは邪魔をする存在だと、思っていた。

　休日に河川敷や公園に行ったり、1～2泊の家族旅行をするなど、私なりに努力したが、すぐに「うるさい！」、と怒鳴ってしまい、子どもは面白くなかったに違いない。

　43歳の時、佐穂が生まれた。誕生の喜びよりも、この先2人の子どもを育てられるのだろうか、という不安が黒雲のように湧き上がった。人間ドッグで引っかかった甲状腺機能亢進、十二指腸潰瘍、従来からの気管支喘息で、毎秋2週間は欠勤している状況だったので、将来のことを考えると憂鬱だった。

　この父親の気分・感情は、佐穂に直ちに反映した。佐穂も父親を避けるし、私も可愛いという気持ちよりうっとうしいと思っていた。

　佐穂が4歳の頃、母親が、外出して、2人で留守番することになった。佐穂はずっと泣き続け、ついに耐えきれなくなって「うるさい！」と怒鳴ると、ますます激しく泣き出した。ほとほと困り果てて母親が帰って来るのを待ちわびた。それ以後、佐穂が私に近づくことはほとんど無かった。

第三回

冬の時代

　亮は、保育所時代、他の子どもと違っていた。母親が保育所へ迎えに行くと、3歳を過ぎても1人で遊んでいることが多く、行事などでは、ちょっとしたことにこだわり、ひっくり返って泣いたりすることもあった。

　私は、亮が小学校に入学してから、初めて気付いた。1年生の担任、2年生の担任から呼び出されて、小学校に行った。「チャイムが鳴っても入室しないで砂場にいる」「教科書を開かない」「音楽の時間に歌わない」。うまく、自分の気持ちが表現できないためか、「感情が爆発して、手が出る」等々。鉛筆が一日で全部折れていたり、ほとんどなくなって帰宅。担任の先生から「幼児の時の躾はどうされていたのですか。もっと、厳しく躾をしてください」と言われたとき、さすがに妻はこれ以上厳しくすれば、「子どもの良い面までつぶしてしまう」と思ったという。

新聞記事で知り、ちょうどこの時開校する文部省認可のフリースクール〝きのくに子どもの村学園小学校〟を見学に行った。(このフリースクールは、小学校と認められ卒業証書が出せた)しかし、私は、転校はしてもいいが、このまま別の公立の小学校に行かせるべきだと考えていた。公立に勤めている教師が子どもを私学に行かせることには、抵抗があった。

亮と2回目のテント(5歳)、ポンポン山

私と妻は、全くかみ合わず話し合いにならなかった。今までは、話し合っても最終的には、夫の意見に従っていたが、亮のことになると、断固として譲らず、腹が立った。

1992年2月のある夜、ついに私は「離婚だ!」と叫んだ。

この言葉は、今から考えると、私の敗北宣言であった。「亮に合った学校に行かせたい」「このまま、父親のそばにいたら、怒ってばかりで、子どもの良い面までつぶされてしまう」母親の直感で、初めて妻は私に反旗を翻した。これに対して私は納得させる言葉を持たなかった。妻に対して、私は自分の力を誇示することに全勢力を費やしていた。しかし、結局は逃げていたのかもしれない。それまで、一度として、逃げなかった私にとって今振り返ると痛恨の思いである。

この時、私も妻も亮のことを心配するあまり、佐穂がどんな思いをしているのかということには全く気がついていなかった。佐穂の前で怒鳴り合う夫婦喧嘩を繰り返していた。佐穂は、両親がいがみ合う姿を見て、さぞつらく心細い思いをしただろう。恐怖感にも捕らわれたことだろう。4歳の佐穂が、負った心の傷は、今なお「寂しい」「甘えたい」という思いとして強く残っている。存在不安を感じた佐穂は、以後両親の諍いが起こらないよう、間に入って涙ぐましい努力をする。私達は、本当に未熟な、いたらない親であった。

M先生とIさん（彼も同じ職場で4年共に働いた教師、山とシルクロードを一緒にやっていた）が私達の状況を知って、仲裁に入って、離婚を思いとどまるように話し合う場をつくってくれた。

結局、私達は、踏みとどまった。中学校の教師をやっていれば、離婚が子どもにとって、どんな影響を及ぼすかは、十分に理解していたからだ。

しかし、冬の時代であった。

第四回

亮の悲しみ

1992年3月、きのくに子どもの村学園小学校の親子の宿泊体験説明会に参加した。小学校は、和歌山県橋本市の山の中にあった。理念について、パンフレットを読んでいたが、納得できず、質問しても、満足のいく答えはもらえなかった。親のそんな思いに頓着なく、亮は、「ここに来たい」という。母親も気にいって、転入させたい、と言う。私は、同意したものの、なげやりな気持ちだった。

亮は、きのくに子どもの村学園小学校へ3年生から転入した。全寮制で、月火水木が寮、金に帰宅し、月の朝、学校へ行くという生活だった。（完全週5日制）テストは無く、体験を通して学ぶという教育内容だった。

南海電車高野線なので、難波まで送っていった。私達は仕事があったので、義母には随分世話になった。

その後2年間、私は、全く、きのくに子どもの村学園に行かなかった。「妻が勝手に行かせたのだから」、と頑なな態度をとっていた。やむを得ず、妻は2年間、学校の行事がある時には佐穂を連れて行っていた。

小3の亮の誕生日、亮のことで妻が私の言うとおりにしなかったことに腹を立て、佐穂が呼びに来ても、誕生日のケーキを食べに行かなかったこともあった。

1994年、亮が、小学5年生の時だった。子どもが生まれてから、シルクロードの旅を中断していた。Iさんを誘ったが、断られたので、やむを得ず私1人、ツアーで中国のトルファンに出かけた。51歳であった。20年来憧れていた高昌故城に立った。玄奘三蔵がインドに行く途中立ち寄ったシルクロードの中でも有名な遺跡である。「ついに来た」、と感動に打ち震え、さて写真を撮ろうとした時、愕然とした。どこを撮っていいのか分からないのである。

この瞬間、ハラリと目から鱗が落ちた。自分には、カメラの本体とフィルムはあるが、レンズが無いことに気付いたのだ。今まで、旅をしている時、いつもIさんが、横にいて、彼と話す中で何が大事で、何を撮るべきかについて気付かせてもらっていたのだ。自分は、未熟な人間だと悟った。もっと謙虚にならねばと思った。この時、防御のために身につけていた鎧が少し取れたような気がした。

毎月、Iさんと山歩きに行っていた。「お前、亮の学校に行っているのか。」「行っていない」「父親なんだから、そう頑なにならず、行ってやれよ。」

Iさんの「行ってやれ」という忠告に従い、10月の運動会に初めて行った。亮の表情は、家とは、全く違って、明るく、笑顔があった。

振り返って見ると、例えば正月に妻の実家に集まった時、亮が8㎜ぐらいの鶴の折り紙を得意そうに見せたことがあった。みんなが褒めたのに、私は何も言わなかった。あの時、亮は自分の特技を、認めて欲しかったのだろう。私は、全く子どもの心を理解できない父親だった。

この年、亮の才能に気づく機会があった。佐穂の学童のキャンプのため、亮を1人で留守番させなければならなかった。不安だったが、母親が亮の欲しがっていた、本格的なラジコンカーのキットを一緒に買いに行って「これを留守の間作ったらいい」と渡した。午前2時頃帰宅したら、スヤスヤと眠っていた。

翌朝、亮が「お父さん、見て」と言った。「なんだろう?」と思って、玄関に出て見ると、なんと!

ラジコンカーが完成し走っているではないか。3日は十分にかかると思っていたのに、17時間くらいで作りあげたことになる。聞けば、分からない所は、購入した模型店に4回も聞きに行ったという。家から、店まではかなりの距離がある。亮の集中力と実行力に驚いた。

亮は、好きなこと、興味を持ったことは、集中し、手先の器用さ・創造力を発揮するが、嫌いなことは全くしない。

学校へ持って行った1週間分の着替えが、帰宅して、そっくりそのまま出てくることもあったが、少しずつ、表情が明るくなり落ち着きも出てきた。

小6の時、妻の妹家族と義母の計10人で長野県の開田村にスキーに行ったことがある。夕方、妹夫婦が連れてきた犬の散歩に行くことになっていた。ところがはしゃぎすぎて部屋を散らかしていたので、母親に片づけなさいと言われ、あわてて片づけている間に、散歩に行ってしまった。取り残された亮はずっと泣き続けた。従姉妹は、亮の大好きなお姉ちゃんだった。スキーをするようになったのも、この従姉妹のおかげである。しつこくこだわるので、お姉ちゃんから「何時までもこだわるな」と怒られた。ショックだったらしい。私達の所には来ないで、叔父さんの所へ行き、一緒に寝たという。親には甘えたくても甘えられなかったのだろう。私達はそんな親だった。

中1から、ポツリポツリ、自分の幼かった頃やきのくにのことを話してくれるようになった。5歳の頃、友達の家に行った時、自分だけ2階にいたこと。小1の時、お父さんに怒られている間、何故怒られているのか全く分からず、「お父さんの瞼は、左右大きさが違うなあ」と思っていたこと。カブトムシのえさを偶然水洗トイレに流したらその様子がおもしろく、全部流して父親に怒られカブトムシを夜店に返しに行かされたこと。きのくにへ行った理由の一つは、とにかく親から離れたかったからだという。

小3の1年間は、全く教室に入らず、野山の中に居たこと、テレビは徹底して見たこと（家で制限されていたから思いっきり見たかったのだろう）、小

3の時、可愛がってくれた寮母や担任が次の年、いなくなって悲しかったこと。小6の冬、薄く氷の張ったプールを渡れ、と友達から言われたこと。坂道をスケートボードに腹這いで乗って下り新しい靴に穴をあけたこと。

小さい頃、何もしゃべらなかったので、亮が何を考えているのか全く分からなかった。話したら、怒られるから話さなかったのかもしれない。

亮にとっては、悲しく、つらい思い出ばかりだ。父親として何も分かっていなかった。今、書きながらも涙が溢れる。

Oさん夫妻から学んだこと

第五回

「きのくに子どもの村学園」では、人に迷惑をかけないこと以外は、何をしても怒られることはなかった。亮にとってはのびのびと、自分の好きなことができる、とてもいい学校だった。

4年生から、教室に入るようになり、うまいもんプロジェクトに所属し、カステラを作って、「うまいもんコンテスト」で2位になったと、うれしそうに話してくれた。

ファームプロジェクトでサツマイモ作った亮（小6）

5年生では、工務店プロジェクトに所属、本物の喫茶店を造った。他に「鳥かご」等を作った。

6年生はファームプロジェクトに入って、大きな西瓜を持って帰ってきたことがあった。みんなで食べたが、とても甘くておいしかった。

小学校では、このファームと、うまいもんプロジェクトが一番楽しかったと言っている。そして、この4年間で、ようやく今までの鬱屈が癒されていったようだ。

しかし、どんな教育もこれがベストだというものはない。子どもの自由を尊重し、体験を通して学ぶというやり方は、生きる力は身につくが、普通の学校での学力も望むのは、虫がよすぎる。自分から学びたい、と思った時に必要な基礎学力を、身につけさせる責任は親にある、と考えて、妻は、亮が家に帰って来た時に、読み、書き、算数を教え始めた。しかし、勉強が嫌いな亮はすぐイライラして短時間しかもたなかった。

亮が、6年生になった時、山梨県にいた妻の教え子のTさんが、大阪の大学に入学することになったと言って訪ねて来た。話してみると人間性豊かな幅の広い人だったので、亮の学習を見てもらうことにした。Tさんは、暖かいまなざしで、亮のペースに合わせて、できたら褒め、よい所を見つけては、褒めてくれた。

亮は、学習する前から「英語は、嫌い」と言っていたが、Tさんに教えてもらううちに興味が出てきて、中2で英検4級に合格するまでになった。褒められると、やる気が出てくる、少しずつ理解できるようになると、学習を嫌がらなくなった。

これは、後に亮が高校へ行ってからも、理解できていなかった中学の数学を自分から勉強するなど、自学自習する出発点になった。Tさんに、学ぶことの楽しさを教えてもらったことは、亮にとって本当に幸せだった。

次第に、表情が明るくなり、自分から、学習する意欲も出てきて、興味・関心も広がってきた。

また、嫌なことをされた時、ミーティングの場で、発言できるようになり、解決することも学んだ。

怒って泣きわめいたり、こだわり続けることも少なくなった。

亮は、中1になると、「きのくに」へ勇んで行くようになった。後で知ったのだが、電子工作プロジェクトに入り、パソコンで、自作のゲームソフトを作ったり、原付バイクのエンジンの分解と組み立て、修理に熱中した。このエンジン関係が中学2年間で最も面白かったようだ。「自動車整備士になりたい」と、言っていた。

中学校では電子工作プロジェクト担当のM先生が大好きだった。ある時このM先生とふざけていた時に、お腹を蹴って小腸に穴が開くという大けがをさせてしまった。入院・手術する事態になり、たいへんな迷惑をかけてしまった。私達と亮でお詫びとお見舞いに何度か行った。そんなことがあったにもかかわらず、亮は、今でもM先生の家に行かせていただいている。

「きのくに」で、もう一つ忘れてはならないことがある。それは、中2の時、国語のS先生にギターを弾く楽しさを教えていただいたことだ。小1の頃、〝音楽が大嫌い〟だった亮が、興味を持ちギターの弾き方を教えてもらった。

「きのくに」にも保護者会があり、世話役も決まっていたが、あまり交流はなかった。開校して1年目に、学校の運営・理念をめぐって意見が分かれ、先生や寮母さんが解雇される事件があった。保護者の中でも意見が別れ、何家族かは転校していかれた。私達は、「解雇する」学校のやり方は、おかしいと思ったが、亮のことを考えると、転校できなかった。

大人は、揉めていたが、亮は生き生きと通っていた。

私達に大きな影響を与えた方にOさん夫妻がいる。亮が小3の時、小6のS君の保護者であった。「きのくに」の解雇問題では、妻と同意見だった。通信を出され、その文章に妻は、とても共感したという。

S君が卒業して1年近くたった5月の連休に、長野県開田村に住んでおられるOさん一家を家族で訪ねた。Oさん夫妻は、都市生活を断ち切って、開田村で、天然酵母のパンを製造販売して暮らしておられた。話をすればするほど、実に話題が豊富で、独創的な考え、幅広い交遊を持っておられた。それから今日まで毎年訪れ、お付き合いさせていただいている。

Oさん夫妻から、一番発想の転換をさせられたのは、義務教育（学校教育）に必ずしも、行かなくてもよい、という考えだった。

学歴社会については、亮のおかげで受験戦争に巻き込まれることもなかったが、私達2人は、中学校の教師だったので、「義務教育は行くのが当然」と思い込んでいた。義務教育絶対論の束縛から解き放たれると、本当に心が軽くなったような気がした。

ちなみに、「きのくに」を卒業したOさん夫妻の長男S君は、中学校へは、自分の意志で行かずアメリカのフリースクールであるクロンララ・スクール（ミシガン州）の、ホーム・スクール・プログラム（通信教育の一種、本人がレポートを書き、送ると、それに対して助言が送られてくる。それを参考に、さらに自分で学習して、レポートを送る）で学習していた。現在23歳で社会人として、立派に自立してやっておられる。

私は狭い枠から解き放たれ、自由に生きることをOさん夫妻から学ばせてもらった。

その頃の私達は、亮については、無理に嫌いな勉強をするより、何か好きなことを見つけて、自立できたらいいと思うようになっていた。

ところが、中2になって、亮に「高校はどうするの?」と聞くと、「行きたい」と言う。「高校へ行けるかなぁ～」と、つぶやく時もあった。

転換点

第六回

佐穂は、親を困らせることなく育った。近所の方や、先生方からは、いつも「いい子ですねぇ～」、と褒めてもらった。

幼児の頃から毎週母親と近くの図書館に行き、佐穂が選んだ絵本やマンガをたくさん借りてきた。亮も一緒に、川の字になって、寝る前に、母親が読むと、佐穂は本当に楽しそうに笑っていた。この毎晩やった読み聞かせが、佐穂を読書好きにしたのかもしれない。

佐穂は私が出かける時は、必ず「握手バイバイ」をするのが、習慣になっていた。私が遅刻しそうになって、あわてて出かけると、怒っていたそうだ。帰ってくると、必ず玄関まで出てきて「おかえり」と言ってくれた。これは、今でも続いている。

小学1年の時、私の父と同居することになった。その時、「おじいちゃん、ご飯よ」と佐穂が毎夕、呼びに行ってくれた。佐穂のおかげで、ギクシャクしがちな同居が、ホンノリとした雰囲気になったのは忘れられない。

テストで少しでも間違うと、自分を許せない一面もあった。

同じ頃、映画『学校Ⅰ』を見に行った。その中で、イノさん（田中邦衛）が亡くなるシーンがあり、佐穂が泣き出した。私達は話しの筋がわかって泣いているのかと思ってびっくりしたが、後で聞くと、「死ぬのが悲しくて泣いた」と言っていた。絵本でも戦争を題材とした話は読みたがらなかった。感受性の鋭い子どもだった。

　私が子どもたちにした数少ない一つは、映画に連れて行ったことだ。最初は『ドラエもん』などのアニメが中心だったが、『ジュラシック・パーク』、『ターミネーター2』『グース』、また家族で行った『男はつらいよ』『サラリーマン専科』は、いまだに思い出話に出てくる。今でも、休みになると、親子で映画を見に行く。映画は、私と子ども達の共通の話題になっている。

　佐穂は、大人や年上の人に、甘えるのが上手でよく可愛がってもらった。

　小学校では、担任の先生に恵まれ、特に3、4年のT先生には、ひいきではないかと思うほど、可愛がってもらった。佐穂もその先生が大好きだった。学童保育も熱心な先生だった。切り絵を教えてくださり、今も続いていて、親がびっくりするような作品をつくる。

　佐穂は、誕生祝いの時など自分の欲しい物が、なかなか決まらない子だった。ところが、手に入ると、自分の物になったことに満足して遊ばなかった。一方、亮は、ミニ四駆・ガンダムなど好きなおもちゃが壊れるまで楽しんだ。

運動会でソーラン節を踊る佐穂（小4）

　学童保育が終わった小学4年生くらいから、母親に暴言を吐くようになった。ちょっと注意すると、「お母さんだって……」と怒り出した。外でいい子をがんばった分、家で発散させていたのかもしれない。

　中学校の教師をしていると、先が見える。中学生になって、親を乗り越えると、歯止めがきかなくなることを、感じ始めた。よい子を演じることが苦しかったのだろう。

しかし、なぜ、佐穂が懸命に〝よい子〟を演じようとしたのか、この頃の私達には全く理解できなかった。

亮が小5、6年の頃、「佐穂は、わがままや。俺は、そんなことをしたら怒られたのに。お父さんとお母さんが怒らへんのやったら、俺が怒ったる。」と言って、私達の対応が違う不満をよく言った。確かに、亮の言うとおりで、トルファン以来、私は、子どもに対して柔軟になり、あまり怒らなくなっていた。

佐穂は、亮が、「きのくに」へ行っていたので、一人っ子のような状態だったので、わがままな一面も見られた。

ちょうどこの頃、私にとって第二の転機が訪れる。

1997年1月に全日本教職員組合の教育研究集会（神戸）に参加した。友人のM先生（第1回、第3回と同じ人）が、中央執行副委員長で教育研究集会の担当となり集会の基調提案をすることになった。M先生の話を聞いてから、「不登校・引きこもり分科会」に出席した。体験者の20代の青年や、保護者の話を聞いているうちにハッとなった。

教研の感想をM先生へ手紙に書いている時、涙がとまらなかった。青年・保護者の話は、私の子ども2人に対する過ちを余すところなく指摘していた。「何という冷たいことを、亮と佐穂にしていたのだ」、と悔恨がうねりとなって私の心に押し寄せた。

ある日の夕食後、私は、妻と亮・佐穂に謝った。父親の権威をかなぐり捨て、妻にも亮・佐穂にも自分の過ちを認めた。私の人生で、最もつらい瞬間だった。

2月に、M先生から、返事が来た。その末文には、次のように書かれていた。

「……。あなたの便りで、もっともうれしく共感できたのは、家族の前で号泣したあなたの誠実さです。人は、強さにあこがれます。しかし、弱さ、つまずき、葛藤、苦しみに共感できることも人間のすばらしさです。……略……そんな中にあって亮君の悲しくつらい思いをうけとめて泣いたあなたを私は、心から尊敬します。今日は、〝やっぱり、三好さんに会えてよかった〃という思いで満ち足りた一日でした。裕子さんによろしくお伝えください。会える日を楽しみに。」

人の一生には、タイミングがある。佐穂の母親への反抗、亮の「高校へいけるかなぁ～」というつぶやき、私が過ちに気付いたことが、同時期に重なった。

第七回

「育てる会」との出会い

「育てる会」とのつながりは、亮が小学2年から始まる。育てる会の短期行事を知ったのは、朝日新聞の小さな記事だった。

亮は、小さい頃から、昆虫や小動物が好きで、自然の中では生き生きとして、亮の良さが発揮される。妻は、長期の休みを利用して、親が体験させられないような活動に参加させた。

その一つが、「育てる会」の短期行事だった。他の自然教室にも参加したことはあるが、亮は、「他の団体の活動は、予定がきちんと決まっていて、自分のやりたいことをさせてもらえない。育てる会は、自分の興味を持ったことをさせてもらえる」と話してくれた。実際、短期行事から帰ってくると、いつも楽しそうに活動の様子を話してくれた。興奮して、大声で話していたためか、声がかすれていることもあった。

妻は、地元の小学校になじまないのを見て、自然の中で活動する「山村留学」を視野に入れて、短期の行事に参加させていた。

佐穂も5歳から兄と一緒に行き始めた。

ところが、山村留学の説明会で、青木孝安先生が言われるには、「地元の学校で適応できていること、身のまわりのことができること。」だった。当時の亮の状態を考えると、まだ難しいことが分かった。

それでも、妻は、1993年2月、八坂学園へ見学に行った（八坂17期の時）。

話をしていただいた児玉先生、偶然、来ておられた諏訪のお父さん・お母さんの素晴らしさを帰阪して、語った。また、青木孝安先生の人柄を高く評価していた。

しかし、当時の私は、全く関心を示さなかった。

佐穂の山村留学を考えるようになった1997年3月、妻は、「山村留学の学園を見に行かない？」と私を誘った。私は承諾した。今、父親としてすることは、子どもにとって、一番ふさわしい教育環境を見つけてやることだ、と考えたからである。ちょうど結婚20周年だったので、4泊5日の旅行を計画した。

まず、長野県売木村に行った。次に八坂村、美麻村を訪れた。3つの村には、それぞれの良さはあるが、私には、八坂村が故郷の森の雰囲気に似ていること、木造の小学校校舎、山村留学の発祥の地である八坂村が一番気にいった。もっとも、決めるのは佐穂なのだが。

次に、山村留学の体験者の話を聞くことにした。関西事務局の山本光則さんから、兵庫県三田市の池田さんを紹介していただき、佐穂と私達で、池田さんを訪ねた。

当時中学1年生の有希さんの話を聞く。佐穂が最も聞きたかったのは、「友達ができるだろうか」ということだった。有希さんの「村の友達と慣れるのに時間がかかったけど、慣れると、友達もできるし、楽しいよ」という話を聞いて、行く気になった様子だった。

池田さんは、同じく子どもさんを山村留学に出されていた塚口さん夫妻も呼んでくださり、更にお話を聞いた。しかし、まだ固さのとれていなかった私は、妻が話しを要領よく聞かず、アチコチに話しがとぶのを聞いていてイライラし、全く池田さんや、塚口さん夫妻の人柄に触れようとはしなかった。その時の心を閉ざしていた自分を恥ずかしく思う。正直に言うと、1年後に塚口さん、4年後に池田さんと再会したが、お顔を全く覚えていなかった。今、親しく話ができる間柄になって、とてもスケールの大きい魅力のある方々であることを知った。

その年の夏休み（1997年）に佐穂は、八坂村での18日間の長期の活動に参加して、行く決心が固まったようだ。

12月の説明会で、妻は、関西事務局の山本さんに、「本当は、亮を行かせたかったのですが……。」と話すと、山本さんが、「亮君の場合、短期に何回も来ているので、私達もよく知っています。中3からは、原則としては受け入れていませんが、一度、東京本部と八坂中学校に聞いてあげましょう」と言われた。

妻としては、佐穂を行かせることにしたが、実は亮の方が山村留学に向いているし、高校進学を望んでいるのなら、どのくらいの学力があるのかよく分からない。普通の学校（机の前に座って勉強する方式）でやっていけるのかをよく見極めて、亮に合った高校を選びたい、という思いがあったようだ。

大好きだった小3・4の担任T先生と

人間関係が不得意でフリースクールしか経験していない亮の場合、山村留学の自然に囲まれた小さな中学校なら、なんとかやっていけるのではないか、と考えた。

だが、「育てる会」は、中学3年生からの受け入れをしていなかったので、あきらめていた。

私達は、さっそく亮にも話して、冬休みに、再び池田さん宅を訪れ、お話を伺う。その時、明広君（当時、高1）の話で印象に残っているのは、「村の子は、幼稚園から、10年間一緒にいる。初めはなかなか入りにくいけど、いったん中に入るとやさしくて、のんびりした人間性を持っていていいよ」という言葉だった。

亮は、「きのくに」が楽しかったので、転校したくない、と思っていたが、「このままで、高校へいけるのかな?」という思いもあった。人間関係も「うまく、いくのか」心配だったようだ。

1月、山本さんから「育てる会は、許可が出ました。あと、八坂中学校が本人と両親と面接したいそうです。3月に、八坂中学校に行ってください」という返事だった。

第八回

山道の一歩、一歩

亮が山村留学に行くことについて、私は、「途中で転校するのは、反対だ。『きのくに』を選んで行ったのなら、卒業するまで行くべきだ。」と思っていた。勿論、高校へ行きたいと言っているので、亮にあった、ペーパーテストによらない選抜をしてくれる高校を探すつもりだった。

しかし、妻は、いったん、山村留学の小規模の中学校にかわって、どのくらいの学力があるのか、机に座って、授業を受けられるかを、見極めてから、高校を考えた方がいいという意見だった。

成功したパラ・プレーンの飛行

亮は、随分、悩んだ。当時最も力を入れてやっていた、パラ・プレーン（横長のパラシュートの下にプロペラ・エンジンをつけ、無線操縦する）が飛んでいなかったことも心残りだったようだ。

2月、パラ・プレーンの飛行に成功し、自分のやりたいことをやりきってから、ようやく、山村留学のことを考えだした。「いつまでも成長していない自分を知って、このままでいいのか」という思いも山村留学へ行く気持ちの切り替えになった、と語っている。

私も、妻と話し合い、亮が山村留学に行くことに同意した。

1998年3月6日、八坂・美麻学園を訪ね、親子3人で、児玉先生と指導員の野高先生から、お話を聞いた。

1年間の山村留学は、短期のように、楽しいことばかりではないこと、中3として、みんなのリーダーとなっていかなければならないことなど、大切な心構えを話して下さる。

翌7日（土）、雪がチラチラする寒い日だった。中学校まで親子3人で歩いていった。午前9時、八坂中学校校長室で、校長先生、教頭先生、担任の先生と亮、私達夫婦の面接が始まった。

「八坂中の内容」、「山村留学は容易なことではない」ことを話され、「地元の小学校から、なぜ、きのくに子どもの村学園小学校に転校したのか」「なぜ、中学3年生で山村留学を希望したのか」などを質問された。

学校側が言われた中で、「不必要な不安、大きな期待を持たないで下さい」が印象に残っている。

亮は時間割のことを質問した。私達は、亮が、どんな子どもか、また進路については、親が責任もって調べることを話した。

大阪とはちがう教育者らしい校長先生、教頭先生の暖かい雰囲気、担任の先生も親切で柔らかい感じがして、亮にとって良い中学校かもしれない、と思った。最後に、校長先生が「遠い所をご苦労さまでした。亮君の転入を受け入れますから、4月から、登校してください。」、と言われた。まさか、その場で転入許可をいただけるとは思っていなかったので、驚いた。しかし、その一言は、ゆっくりと、私達の心にしみこんでいった。

思えば、遠い道程であった。6年間、かろうじて家族の形を保っていた私達4人であった。

八坂美麻学園山村留学センターに帰る山道の歩みは、亮の未来を切り開く一歩となった。そして、私達家族4人の新しい未来への一歩一歩でもあった。

第九回

子どもの存在感

信濃大町からカーブの連続する道を登って、相川のトンネルをくぐると八坂村である。

亮（中3）と佐穂（小6）の新しい一歩が始まった。2人分の生活用品でワゴン車は満杯。ルームミラーからは、後ろが全く見えず、子ども達はかろうじて腰をかけている状態で大阪から7時間。

センターに入ると、亮と佐穂は、短期で一緒だった子どもが2、3人いたらしく、すぐ話の輪に入っていく。

翌日、〝入園のつどい〟があった。

指導員の先生方の溌剌とした若さに強い印象を受けた。当時、大阪府では若い先生がほとんど採用されなかったので、久しぶりに働く青年の姿を見た。

4日は、小学校と中学校の入学式。私たちは、他の保護者と一緒に歩いて学校まで行った。小、中共に山村留学生の保護者の懇談会がもたれ、学校側から、説明があり、話を聞いて、「安心して預けられる」と思った。

とうとう、子どもと別れる時が来た。亮と佐穂はそれほど悲しそうな顔をしていなかった。私も、「体に気いつけや」と言って、あっさりとセンターをあとにした。

私は中学3年生の担任をしていたので、学期初めから事務処理、学級づくりに忙殺された。夫婦2人の生活になり、家庭は急に静かになった。

1週間が経った。

「何か物足りないなぁ。何だろう?」更に数日がたって佐穂の〝お帰り〟の声が無いことに気づいた。その瞬間、〝かけがえのない子どもの存在〟が分かった。「あぁ、私には、2人の子どもがいたのだ!」心の底から「自分は、子どもの父親なのだ」と感じた。それまでの私は、義務感と責任感だけの父親だった。子どもがいなくなってこの時、初めて、子どもに対して情愛を持つことができたような気がする。

亮は、入園が決まってから、「決まって良かった思いが2割、不安が8割」と言っていた。私達も人間関係が心配だった。

中学校で平穏だったのは、4月までだった。5月からは、からかわれたり、ばかにされたり、2学期からは、無視され始めた。原因は、亮の方にもあった。人の気持ちを考えない発言、清潔感の無さ、自分はきちんとできていないのに、人に対しては、言いにくいことをはっきり言うなど、私たちも気になることがあった。

他学年には、友達がいたようだが、クラスでは、話す相手がいないので、図書室で本を読んでいたようだ。

指導員の秋山先生が「留学中の様々な出来事に夢中になって周りに対する関心より、自分が優先されていた。」「中学3年生として、心の成長が、いい意味でも、悪い意味でも、未熟で、考え方や話が同学年の子どもたちと合わなかったこともあった」「純粋なだけに、曲がったことが許せない。それが、学級に溶け込めない要因だったのでは?」、と話して下さった。

亮はさまざまな弱点を持っていたが、別の角度から見ると、子どもらしい、素直で純真な心を持ち、自然の中で、楽しみを見つけて、生き生きと暮らせる子どもだった。当時、調理を担当していた戸田先生は、「出された食事に対して、素直に反応する子で、『おいしかった』と言ってくれ、うれしかった」と話して下さる。

担任の先生と校長先生は、1学期末、心配してセンターでの亮の様子を見に来てくださったという。センターでは、明るい表情で、過ごしていたので安心されたようだ。

2月の授業参観に行くと、班単位で、自分の考えを小さい紙に書いて、模造紙に貼る作業をしていた。ところが、亮の紙だけ誰も受け取ろうとしない。やむを得ず教科担任が受け取り、模造紙に貼ってくださった。

卒業式の日、教室でスナップ写真をクラス全員で撮ったときも、亮だけ除け者だった。たまりかねた村のお母さんが、亮の肩を抱きかかえるようにして、みんなの中に入れてくださったこともあった。

農家でも最初は、亮だけ疎外されていたようだ。5月の農家訪問に行った時、亮だけが離れて行動していた。「これから先、どうなるのか」私達も本当に心配した。

しかし、預かり農家の諏訪の父さんは、亮に対しても、他の子ども達に対しても、大事な所できちんと対処して下さった。そのおかげでうまくいきだした。また、ギターという共通の趣味を通して、次第に仲良く生活できるようになっていった。

諏訪の父さん・母さんの子どもに対する教育と配慮は、本当に素晴らしいものだった。亮にとって、忘れることのできない恩人である。

なごり雪

第十回

八坂中の「やまびこ祭」（文化祭）で、亮が弁論大会に、出ることになった。今まで人前で話したこともなく、葉書ですら書くのを嫌がっていた亮が……と、親の方がびっくりした。

「人生の別れ道」という題だった。「きのくに子どもの村学園から、八坂中学校へ転校することになった不安、しかしこのままでいいのかという思い、八坂中での苦労、だが自分で決めて来たのだから、苦しいことがあっても前向きに生きていきたい。」と堂々と話した。

　この時、私は、初めて、亮の生き方・考え方に触れ、大きく成長していることを実感し、心から、うれしく思った。

亮の個人体験発表の作品：木の上の小屋

　亮の持ち味を存分に発揮したのは、「木の上の小屋」作りだった。

　私が小学生の頃、小屋を作って遊んだことを話して、それが記憶に残っていたようだ。本人もそう言っていた。

　土台が組み上がった段階で、友達とうまくいかなくなり、10月になっても土台のままだった。しかし、諏訪の父さんが協力してくださり、竹を集め、センターにある材木や藁を使って、秋山・水野両先生の助けを借りて、収穫祭の一週間前にようやく完成した。一緒に作った小学生と実際に寝袋で一泊したという。完成した小屋を見たが、亮なりの工夫があって、しっかり作られていた。

　今まで、口ベタで、自分の思いをうまく表現できなかった亮が、収穫祭の個人体験の発表では、友達と協力してつくることの難しさ、組み立てる苦心談、できた喜び等、体験を基にした笑いをさそう面白い発表だった。この小屋づくりがきっかけになって、小学生の男子は秘密基地作りに熱中し始め、小学生から「亮兄《りょうにい》」と慕われるようになった。

　冬休みに、帰阪したとき、「なんで、やる気のない山村留学生がいるのだろう。なぜ、担任の先生に反抗ばかりするのだろう」、と、自分なりの思いを話すようになっていた。そして、「もし、もう1年山村留学ができるんだったら、もう1年行きたい。」と言う。

　中学校で疎外され、嫌な思いをしているのに、学校を休まず、がんばり通した。その上「続いて行ってもいい」という。その前向きな姿勢とくじけない意志力には感心し頭が下がる思いがした。山村留学での1年間は、親から見てもめざましい成長があった。

修園の日、「山留の歌」をみんなで歌いながら、大きく成長したわが子を見て、感動の涙を抑えることができなかった。

2次会では、ギターを抱えて登場し、「なごり雪」を弾き始めた。みんなと歌いながら「音楽の大嫌いだった亮が……」と思うと、グッとこみ上げてくるものをどうすることもできなかった。

修園のつどいで“なごり雪”を弾く（右が亮）

亮が修園してから、厚志先生は「近年まれに見る山村留学生らしい山村留学生でしたよ。」と言われ、野高先生は「純真ないい子でした。もう1年居てくれたらよかったのですがねぇ」、と言ってくださった。

指導員の先生方が、親代わりとなって、亮の良い面を見てくださったからこそ亮の成長があったと思う。

親は近くにいると、ついつい悪い所ばかり見て、怒ったり、注意してしまうが、良いところを褒めて育てることの大切さを、この時初めて知った。

子どもと離れたことで、初めてわが子の良さが見えて来たのである。

リア・ウインドウ　第十一回

佐穂は小学6年生から、八坂へ行った。普段はなかなか決められないのに、山村留学は、迷わず決めた。佐穂は、短期山村留学が面白かったことや、好きだった小学校の担任の先生が転勤したこともきっかけになった、と言っている。

7月、中学校の改築のため、保護者も引っ越しの手伝いに参加した帰り、切久保の交差点でばったり佐穂と出会った。日焼けして、すっかりたくましくなっていた。

ところが、夏休みに帰郷すると、大きなTシャツをだらしなく着ている。言葉も、東京弁になり、退廃的な雰囲気に変わっていた。先輩の影響なのだろう。「思春期に入ったのかなぁ」と思った。

小学6年生のマラソン大会（指導員撮影）

2学期が始まって、受け入れ農家での山村留学生の人間関係がしんどかったようだ。ホームシックになり、手紙が次ぎ次ぎに来るようになった。

私達は、佐穂の心の支えになるように、手紙がくると、すぐに返事を書いた。そして、行事には、必ず行くように心がけた。

9月に小学校の運動会があった。元気に各種目をやっていたが、別れる時、目に一杯涙をためて、今にも泣きそうな顔で「村民運動会に来てね」と言って、グランドの階段を駆け上がって行った。あの時の懸命に泣くまいと歯をくいしばった顔は今も忘れられない。

1年目に指導員の野高先生の記憶に残っているのは、「『野高先生、ちゃんと聞いてる？』と責められたことです。私としては、無視した意識がないので、つらかったです」、とおっしゃる。

10月、村民運動会にも参加。その1週間後に中学校の「やまびこ祭」があった。そこへ、来年入学する小学6年生も招待され、佐穂も来ていた。

終わってから、タクシーで帰ろうとすると、亮は姿を見せなかったのに、佐穂が見送りに来た。「音楽会には、お母さんが来るように言ってね」「分かった。必ず来るようにするから」と言いながら車に乗り込もうとすると、初めて佐穂の目から大粒の涙がこぼれ落ちた。心を鬼にして乗車。小雨が降っていた。佐穂が、追いかけて、懸命に手を振る。リア・ウインドウからその姿が、だんだん小さくなっていく。車内で初めて佐穂のために泣いた。

このとき、私の心の中で、娘と私の間にあった11年に渡る氷の壁が崩れ落ち、温かい血が流れ始めたような気がする。

お母さんが小学校の音楽会に行って、帰る時、母親の胸の中で、しゃくりあげて泣いた。退園しなかったのは、「兄ちゃんも、しんどい中で頑張っているから、自分だけ逃げるわけにはいかない」という思いがあったようだ。

「古代神」を明るく元気に舞う佐穂

「収穫祭で子どもが変わる」という先輩の保護者の言葉を信じて、私達は遠くから見守るしかなかった。

収穫祭では、朴葉《ほうば》の研究を発表した。民舞は「古代神」を女子4人で元気に舞った。

私は、できれば来年も山村留学を続けて欲しかったが、これ以上無理するのは良くない、と考えた。

1月、茨木市の中学校の説明会へ出席するため、帰阪した。かつての小学校のクラスの友達と一緒に説明会に参加して、制服の採寸もすませた。

第十二回 晴天の霹靂《へきれき》

2月に親子スキーがあった。私は、へたの横好きだが、この行事だけは、自分が楽しむために参加した。センターの食堂に入ると、玲奈先生が、「佐穂に会われましたか」と言われる。「いいえ」と答えると、玲奈先生は、ニッコリ笑って「お父さんに話があるらしいですよ。」と言われる。

待っていると、食堂に姿を見せ「お父さん、話がある。」と真面目な表情で言う。

部屋に入ると、

「お父さん、お願いがある。」

「ウン、いいよ。話してごらん。」

「もう1年八坂に残りたい。お母さんにも頼んでほしい。」

「!!」

私は、驚いた。まず、大事なことを初めて、父親の私に話してくれたことである。親として認めてくれたことが、とてもうれしかった。そして、自分でなかなか決められない佐穂が、大切なことを自分で決めたことである。

驚きと同時に、「ヤッター!! もう1年楽しめる」というのが、私の偽らざる気持ちだった。

理由を聞いてみると、

「このまま、大阪に帰ると、私は、みんなから世話になりっぱなしで帰ることになる。あと1年間いて、少しでも恩返しをしたい。それから、お兄ちゃんは、八坂の自然を十分に楽しんでいたのに、私は余裕がなくて、楽しめなかった。次の1年は、楽しみたい。」と佐穂なりの思いを話してくれた。

「よく分かった。お父さんは賛成や。お母さんの意見も聞いてみたら。」「うん、そうする。」

下りて事務室にいく。佐穂が電話で母親に話をする。受話器から妻の「エェッ!」という驚きの声がもれ聞こえる。こうして、八坂中学校を卒業するまで、山村留学を続けることになった。

中学校では3つのことに恵まれた。

一つ目は、学校は家庭的な暖かさがあり、佐穂は先生方や村の保護者の方々に可愛がっていただいたこと。

二つ目は、山村留学生で中3に良き先輩のWさんが継続していてくれたこと。同じ学年に3人の山村留学生として来てくれ、共にひっぱっていく仲間ができたこと。

小学6年生の退廃的な雰囲気は姿を消して、さわやかで健康的な中学生になった。友達の影響力の大きさを改めて知った。

三つ目は、村の子ども達と仲良くなり、級友に恵まれ、素晴らしいクラスになったことである。

佐穂は「クラスは、優しさ、和やかさがあり、何よりあの温かい雰囲気が大好きだった。私は、クラスのみんなに育ててもらった。あの素晴らしい3年間は、何ものにもかえがたい。本当にいい友達に恵まれて幸せな3年間だった」、と言う。

それは、「やまびこ祭」の合唱、また、クラスの子ども達の雰囲気から私達も感じることができた。

柳沢忠さんが制作されたビデオで、山村留学の女子中学生4人が通学路の山道を下っていく場面がある。このシーンは、〝青春〟を見事に切り取っていて、弁論大会で佐穂が「かけがえのないもの」という題名で友達のすばらしさを語っているのがナレーションで流れ、なかなか見せてくれる。私にとっては、忘れられないことの1つである。（信州テレビで放送された）

佐穂（中3）の個人体験発表“八坂村地図”

「預かり農家の父さん・母さんは、私を可愛がってくれ、とても良くしてもらい、生活の知恵、人間として大切なことを教えてくださった。感謝しています。」、と佐穂は言う。

指導員の中でも厳しい農本先生には、怒られたこともあったようだが、親がわりになって、受け止めてくださった。修園後も、文通しているのは、佐穂にとって忘れられない先生なのだろう。

野高先生は、「人間味のある子でした。喜怒哀楽がはっきりしていて、全体がしらけた時に、雰囲気を盛り上げてくれ、熱い思いをみせてくれました。ドライではないのです。登山の時、星空の美しさに感動し、〝見て、見て〟と言って来たこともありました。また、年下の子の気持ちに、共感できる子でした。

農家さんでは、とても褒めてもらっていました。

〝寂しい〟といって、よく話しに来たし、甘えていました。4年間を通して、佐穂の感情の基調は、『寂しさ』だったように思います。親に微笑んで欲しかっ

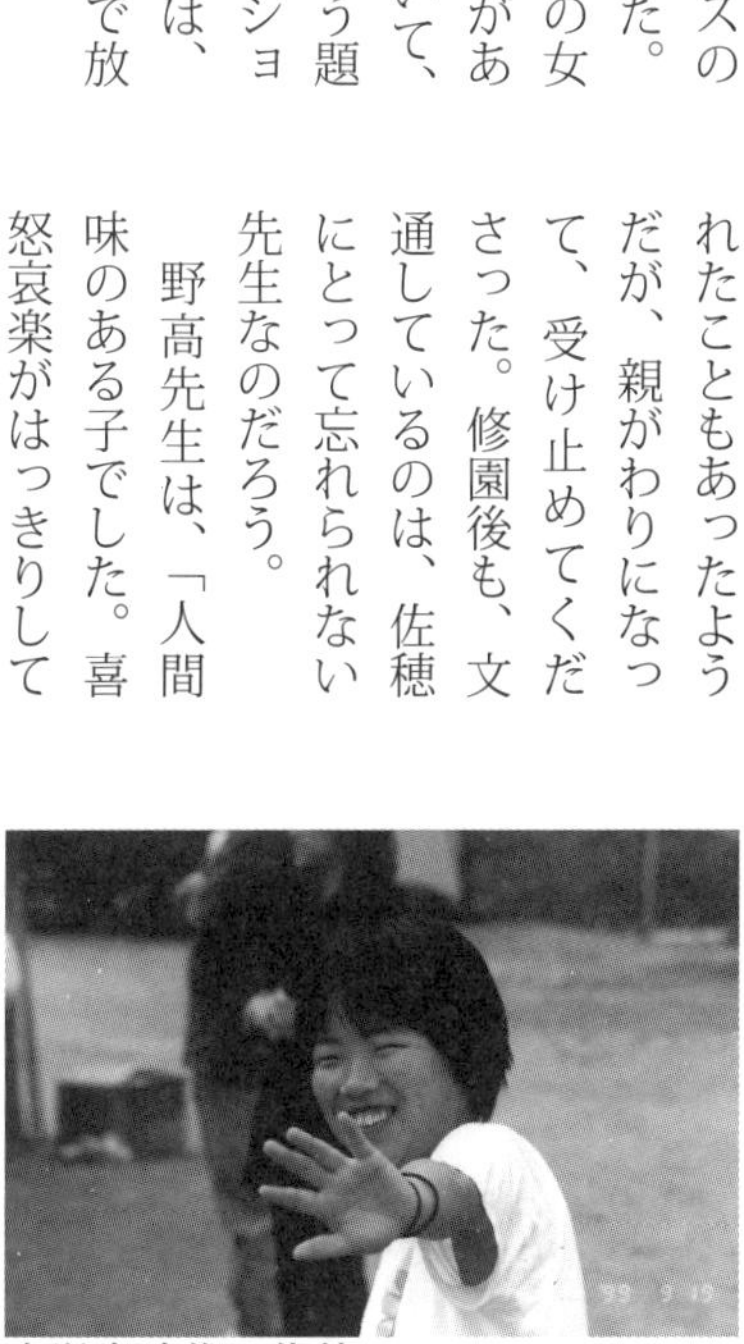
中学生時代の佐穂

たのだと思いますよ。

率直に言いますと、お父さん・お母さんから無条件で受け止めてほしかったのではないでしょうか。」、と話して下さった。

この話を聞いて、佐穂が中学3年生の時は、私もかなり変わった、と思っていたのだが、この佐穂の「寂しさ」を本当の意味でまだ理解できていなかった。

国廣先生の「家から、高校に通学させた方がいいと思います」という助言を、今になって思う。

佐穂に関して、忘れられないことがもう1つある。中学3年生になった佐穂の進路について話をしていた時、国廣先生が、「大岡の修園生に独立学園に進学した子どもがいました。詳しいことは、青木高志先生に聞かれたらいいと思います。」とおっしゃった。

入園の集いが終わってから、大岡ひじり学園の指導員をされている青木高志先生を訪ねた。

私達は、高志先生とは初対面だったが、佐穂は一度他学園訪問で来たことがあるので覚えておられた。進路のことで、佐穂の育って来た過程を話した。高志先生は、静かに耳を傾け、話を聞き終わると「夫婦喧嘩が佐穂のトラウマになっているようですね」とおっしゃった。

わずか3時間の会話だったが、私達は「なぜ、佐穂が〝いい子〟をがんばっているのか」「人の気持ちを先に考えて、自分の本当の気持ちが言えなかったのか」という、今までの疑問が、ようやく溶けたのだった。

高志先生は、私達に大切なことを教えていただいた忘れられない人だ。

自然の美しさ・厳しさを体験し、温かい人間関係に恵まれ、宝石のような思い出をもらった八坂中学校を卒業して、佐穂は4年間の山村留学を終えた。

『だんこうばい』　第十三回

山村留学のいいところは、さまざまな保護者の方との対話である。私にとって、社会人として対等に付き合える数少ない機会が、八坂・美麻学園の保護者会だった。

実に多様な職種の方がいた。税理士、パイロット、教師、コンピューター関係、看護士、新聞記者、医師、コンビニ経営、スーパーマーケット、バス運転士、電気工事、イラストレイター、広告業等々。これらの方々と、対等に話ができるのだから、面白いはずである。

しかし、1年目の前半の飲み会では、お酒が飲めないし、いろんな方と話す気もなかったので、3階に上がってすぐ寝ていた。

転機は、収穫祭での保護者の動きだった。

今も続く保護者会ニュース“だんこうばい”

実に多様な能力を発揮されていた。話してみると、それぞれの仕事からくる体験談、価値観、山村留学への思い等々、話題が豊富で、興味深かった。

皆さんと話をする中で、人付き合いの悪かった私の視野が広がり、心も開いていったような気がする。

保護者会は、とても良かったが、問題点も感じた。収穫祭の会食の残り物が多く、一部は捨てたという。また、食事作りにがんばりすぎて、帰ってから一週間寝込まれたお母さんもいた、という。お父さん方は、動きが分からず、せっかくの持っている力を発揮できていないことも分かった。

そこで収穫祭での仕事の内容や保護者の思いを「通信」で伝えたら、保護者のつながりも深まり、何をしていいか分からない初めての人も動きやすくなるだろう、と考えた。

青木孝安先生と保護者会の会長さんにも了解していただき、「保護者会ニュース」を創刊した。

これが今も続いている八坂・美麻学園の保護者会ニュース「だんこうばい」である。

このニュースは、私が、初めての時、どんなことをするのか分からなかった経験から、1年目の保護者の方々に、各行事の留意点やこんな仕事がありますよ、という情報公開を中心に、さらに保護者の山村留学への思いや子どもの変化を知らせることに力点をおいた。

新しく入園された保護者からは、「予定や、センターへ行った時、何をすればいいのかが分かって良かった」などの感想をいただいたが、一方では、「美麻学園の記事が少ない」「三好個人の主張が強すぎる」等の批判もあった。

「やめようか」と随分悩んだが、ニュースの担当者を複数にして、多くの保護者の意見を載せるようにしていくなど改善し、カットも新たに保護者のお母さんが描いてくださるようになって、子どもが修園するまで続けることができた。

また、2年目が終わる3月に世話役の方々に提案し、合意の元に「保護者の感想アンケート」を実施した。

この保護者アンケートは、山村留学にわが子を出した保護者の思い、指導員の先生方に対する感謝の気持ち、「育てる会」に対し、改善して欲しいことなどを書いてもらい「育てる会」が、よりよく、発展していくことを願って行った。

山村留学に行ってわが子が良くなったこと、指導員の先生方に対する感謝の言葉や、「育てる会」に対する要望が具体的に書かれていてすばらしい内容だった。

青木孝安先生も修園の集いの挨拶でこのアンケートについて述べられ、月刊誌「育てる」2000年4月号・381号にアンケートの全文が掲載された。

さらに、保護者からの要望について、必要な事項については、直ぐに実現してくださった。青木孝安先生の懐の大きさを改めて感じた。

山村留学生・保護者にも、「育てる会」にもアンケートはよかったと思う。

進路

第十四回

保護者会、山村留学の保護者説明会や山村留学のシンポジュウムで、必ず出る質問・親の不安が、中学卒業後の進路である。4年間在園してみて、はっきりとは分からないが、山村留学生はそれぞれ希望の学校へ進学されているようだ。

山村留学で私は自然の中で暮らすことによって、自然から学び、情操を培ってほしい、と思っていた

高校卒業時、担任のＫ先生と亮

ので、高校は、子どもに合う学校へ行ってほしい、と考えた。

八坂中学校の教育内容は、都会の学校と全く変わらない。むしろ、少人数の学級なので、1人1人への個別指導は行き届いている。

亮は、小学3年生〜中学2年生までの6年間、教科書を使った授業はほとんど受けていないし、テストも受けていなかった。しかし、中学3年生で八坂中学校に行ってみて、〝やる気〟さえあれば、大きなブランクがあってもそれなりについていけることが分かった。

亮の場合、人間関係がうまくいかなかったので、勉強するだけの学校はしんどいだろうと判断し、好きなことをやらせてくれる自由な雰囲気のある学校を探した。

大分県は、私と妻で、北海道・愛知県・大阪府・岡山県は、私と亮で見学に行った。

その結果、「スキーとギターがやりたい」という亮の希望にも合い、やりたいことができる北海道の北星学園余市高校を見つけた。

その高校に在学している方を知人から紹介してもらい、高校の様子を聞いた。

亮も気に入って、その高校へ進学した。

高校時代、下宿した平野さん夫妻には、本当にお世話になった。奥さんは、誰に対しても〝ダメなものはダメ〟と言える〝肝っ玉母さん〟で、人情があり、叱る時も迫力がある。高校生の間で、「平野下宿の生徒には手をだすな」と恐れられたという。私たち夫婦も何度か叱られた。

「社会に出てから恥ずかしくないように」と、3年間厳しく躾ていただいた。

友達とうまく行くようにと、友達を下宿に呼んで夕食を一緒に食べさせてもらったり、学校まで行って先生方としっかりコンタクトをとって下さった。

また同じ下宿の同級生にも恵まれた。

柔道部という全く予想しなかったクラブに入部し、3年間やり通した。「心も体も強くなりたかった」という。

最初は下宿のお母さんに叱られてばかりで、どうなることかと心配したが、2年生になったころから、親の方も信じられないぐらい心も体も成長し、しっかりしてきた。もし平野下宿でなかったら高校を卒業できなかった、と亮は言っている。

高校でもまじめに努力したおかげで、今は北海道の大学に進学し、学生生活を送っている。

大学進学後も、しばしば訪ねて行き、平野さん夫妻にわが子のように歓迎され、可愛がってもらった。亮も、平野さん夫妻にいろんなことを相談し、助言をしてもらっていた。

夏と冬は、「育てる会」の短期行事のリーダーとして八坂にも行くようになった。

佐穂は、「家から通える高校がいい」、というので、大阪の高校を探した。しかし希望する学校は、学力的に難しいことがわかった。

佐穂と母の2人で山形県・新潟県・大阪府・島根県にある高校を見学した。山形県の高校に在園中の方を高志先生に紹介してもらって、東京まで話を聞きに行った。

最終的に、島根県の全寮制の高校に進学した。後で、私も見学に行った。校舎が山の上にあり、海が見え、全校生徒が70名程の小規模校で、なかなかいい所だ。食事は調理の先生に指導してもらって、当番制により自分たちで作るなど、子ども達にとってはかなり厳しいが、みんなで協力してよくやっている。全寮制の生活は、初めての生徒がほとんどで、多くの生徒は人間関係には苦労しているようだ。

修園後も、佐穂は、短期行事の佐渡のサバイバルやスキー活動に参加している。

夏には、厨房スタッフ・登山活動のサブリーダーとして八坂に行っている。

勉強だけが全てではない、子どもにはキラッと光るものが必ずある。そのいいところを見つけ伸ばせるように陰ながら支え、援助するのが、親の役割ではないだろうか。

青木孝安先生

第十五回

私が、高校から大阪に出るにあたって、両親から幾つか諭されたことがある。その一つに「優れた友達と先生を見つけて、大事にしなさい。この2つはあなたの一生の宝になります」がある。

残念ながら、高校と大学の友人は1人しかできなかった。就職してからは、同僚のM先生とI先生に出会い、水魚の交わりとなった。先生は、大学の卒業論文の指導教官に恵まれた。

そして、人生のそろそろ晩年にさしかかろうとした54歳の時、実に魅力的な人に出逢った。青木孝安先生である。

しかし、最初は、敬遠し、警戒していた。私は、人を見抜く力がなく、騙されやすいので、社会人になってからは、極度に人を警戒し、疑ってしまう所がある。妻は以前から青木孝安先生を高く評価していたが、子どもが入園してからも、私の態度は変わらなかった。1年目の入園の集いで、青木孝安先生の話を聞いて、少し心を動かされた。だが、ソファの周りで保護者の方々が先生を囲んで楽しそうに話していても、輪の中に入ろうとはしなかった。

保護者会がある度に短い話をされたが、いかにも教育者らしい、子どもといるのが楽しくてしかたがない、という雰囲気が溢れ出ていた。「これは、ひょっとすると……」と思い出した。

そして実際に1年間の亮の成長と変化を見てから、「育てる会」の理念は〝ほんもの〟だ、と思い始めた。

青木孝安先生

2、3、4年目に私が関わった「保護者会ニュース」を、青木孝安先生が積極的に評価して下さったことは、とてもうれしかった。

転機となったのは、2000年9月にあった「青木先生の古希のお祝い・山村留学25周年記念式典」で育てる村学園同窓会会長をされている野坂喜一氏の式典挨拶だった。野坂氏の話は、勿論面白かったのだがこういう内輪話を挨拶で述べることを微笑んで聞いて、許しておられる先生というのは、間違いなく〝本物〟だと確信した。

少しずつ、先生を囲む輪の中に入っていったが、隅っこで、話を聞くだけだった。

ところが、3年目、収穫祭の3次会で、たまたま、先生の隣に座ることになった。亮と佐穂の変化、「育てる会」の素晴らしさ、私自身の変化などを話すと、先生はニコニコして私の話を聞いてくださり、9月の「古希の祝い」のこと、教育論、日本社会の現状を憂う話しにまで広がり、本当に楽しいひとときになった。

3年目が終わろうとする2月、「保護者会ニュースについて批判が出ているので、続けるかどうか迷っているのです」、と話すと、「いいんじゃないの。続けなさいよ。」と励ましてくださった。その時、「三好さんね、世の中は、誠意と情熱だけでは、やっていけませんよ」と言われた。今まで誠意と情熱さえあればやっていけると思っていた私にとって、とても考えさせられる忠告となった。

「退職したら、青木孝安先生の元で、何かをやりたい」と、思い始めた。

山村留学は、私にとって文字通り「人生の転換点」を実現し、私の家族を再生してくれた。さらに、青木孝安先生という、「師」となる人物に引き合わせてくれたのである。

2003年3月に定年退職した。

5月に山村留学に関わる企画書を持って、「育てる会」の東京本部を訪ねた。青木孝安先生・厚志先生・児玉先生と話しあった結果、企画の精神はおおむね採用された。

「山村留学生が修園した後、山村留学の体験をどのように活かしているか」を追跡調査をし、孝安先生の論文と合わせて本にする、というものだった。

まず、最初に山村留学の舞台になっている「育てる会」の6つの学園を訪ねようと考えた。

2003年5月31日、夜行寝台特急「日本海3号」に乗車。20時17分、大阪駅を静かに発車した。目指すは、秋田県合川町まとび学園。

発車のベルは、私の新しい人生の出発を合図していた。

第十六回

亮の大学時代

亮は、北海道の大学に入学し、1人暮らしを始めた。これまでも、親元を離れていたが、本当の「一人暮らし」は初めてだった。

クラブは高校に引き続き柔道部に入部し、さらに音楽研究会にも入部した。

高校からやっていたギターやハードロック・バンドの演奏に力を入れた。

2回生になって、亮が「文化祭で歌う」と言うので大学まで見にいった。

たくさんの学生が、ステージに立ち、演奏した。亮は驚くほど、エネルギッシュな演奏で、普段とは、全く違っていた。

鬱屈した心情を爆発させていたのかもしれない。ギター演奏は、高校生の時より一段とうまくなっていた。

亮は、「山村留学時代と高校時代は、音楽を通して友達ができた」、と言う。

卒業論文のテーマは、養豚業についてだった。

実際に養豚業をしている所に出かけ、実習した。後に、私が山村留学調査で全国を回っていた時に、訪ねると、「まじめに働いてくれました。卒業したら、うちで働いてもらえませんか？」と言われて、就職難の時に、働き口のあることがうれしかった。

卒業論文も書き上げた。

締め切りぎりぎりまで、徹夜でゼミ室のパソコンを叩いていたと言う。

4回生になって、柔道は、ようやく黒帯になった。

ゼミの忙しさから解放されると、再び音楽

大学時代の亮

研究会に参加するようになった。

4人組のバンドを結成して、ボーカルを受け持ち、ロックに明け暮れた。

バンド活動は、2年間続き、CDを自主制作している。

亮が4回生になった時、妹の佐穂も同じ大学に入学した。下宿が別々だと、親の負担も大きくなるので、2人で住める所を探した。

佐穂も「兄ちゃんと暮らしたい」、という。

1月の雪の積もった道を、大学生協が紹介してくれた物件を私と佐穂で見て回ったが、どれも狭い。

明日は帰るという最後の日になって、ようやく、2人で住めるマンションが見つかった。

他にも、亮は、思わぬ所に登場した。大学の入試用広報誌に記事が出た。

研究室で誰か1人、記事を書き、写真が載る、ということだったが、誰も手を挙げないので、亮が引き受けることになった。同じ時期に山村留学をしていた3つ下のO君が、広報誌を見て、亮の写真に気がつき、O君のお母さんが、わざわざ、電話を下さった。

2006年3月、卒業式に出席した。式の間、亮の22年間を思い出していた。

小2で、担任の先生から「学校不適応」と言われ、母親の決断で和歌山県きのくに子どもの村学園小学校へ転校したこと。

山村留学に行ってからの亮の努力、支えて下さった指導員の先生や預かり農家の諏訪さんご夫婦のこと。

山村留学が無ければ、高校・大学進学は無かった。

さらに、高校の下宿先の平野さんご夫婦と担任のK先生のおかげだ、としみじみ思った。

今、式服のスーツを着た息子が目の前にいる。胸に迫る感慨深いものがあった。

第十七回

社会人となる

亮は、大学を卒業して、3年間、大学付属実験圃場実習助手の仕事に就いた。その後、北海道の鶏卵生産会社に勤務した。３年勤めたが、その間も音楽活動は続けていた。

２０１２年３月に退職して、20年ぶりに大阪へ帰って来た。

亮は、そのときの心境を

「長年一緒にいた札幌の音楽仲間と別れるのはつらかった。大阪には友達がいないので絶望的な気持ちだった。」と話してくれた。

大阪に帰ってきて亮は、「プロになるとか、夢をかなえる、ではなく、〝俺は、大阪でも音楽をやっているぞ〟って、北海道の皆に胸を張って言えるようになりたい。」、と言って音楽活動を続けていた。

夏からプリンタの販売をする契約社員として働き始め、１日に10台近く売ったこともあった。

帰郷して間もない頃、妹から「兄ちゃんは優しいから、ヘルパーの仕事が向いてるよ。」といわれ、妹がヘルパー資格を取った学校を紹介した。

亮はヘルパー２級とガイドヘルパーの資格を取った。非常勤講師として学校に来ておられた盲目の鍼灸師Ｋさんが、知人を紹介して下さり、その知人に、ヘルパー派遣の会社「Ｋ」を紹介してもらって、働きだした。

「社長がいい方で、職場が明るくて、話しやすい雰囲気が気に入った。この仕事は、楽しいし、やりがいがある。」と言う。利用者の方とは、やはり難しさやしんどさはあるようだが、楽しくコミュニケーションがとれているようだ。

社長から「正社員にならないか。」と言われ、２０１４年２月から正社員になった。

山村留学で世話になった青木厚志さん、受け入れ農家の諏訪さん夫妻、高校で下宿させていただいた平野さん夫妻も「亮は、優しいから合っていると思うよ。」と言って下さる。

“ホームラン ”のコンビＴさん（左）と亮（右）

〝ホームラン〟の結成

音楽にも変化が出て

来た。グループ「ホームラン」の結成だ。

ヘルパーの仕事に就いてから、利用者Tさんと出会った。Tさんは、詩を書かれている。ある時、亮が、その詩に曲を付けると、Tさんは涙を流して「いい曲や」と喜んでくれたという。

そしてTさんと「ホームラン」というグループを結成する。「ホームラン」で作る歌詞とメロディは、ソフトで温かみがあり、今までとかなり違っている。

以下は、亮が30歳になった時に、山村留学を経験して良かったこと、楽しかったことを書いてもらった。

ありのままの自分を受け入れてくれたこと

これがダントツで一番に感じたこと。社会生活、団体行動の苦手な自分を丸ごと受け止め、受け入れてくれた「育てる会」と〝山村留学〟の懐の深さと広さを感じた。本当に山村留学をして良かったと思う。

当時の僕は、心から笑うということがほとんどなかった。八坂にいる時だけ、心の底から笑える時があった。当時の写真を見てもそう思う。

そんな笑顔をくれた〝山村留学〟はすごい。

生活習慣

布団とシーツの敷き方・たたみ方、お風呂の入り方、洗濯の仕方、その他たくさんの生活習慣を教えてもらったこと。当時の僕は、早くに親元を離れたこともあり親に教わるはずの、ごく基本的な生活習慣をほとんど身に付けないまま成長していたので、凄くありがたいと思う。

礼儀作法

僕は、礼儀やマナーが欠けていたので人間関係を築くのがうまくいかなかった。僕が失礼なことをしたときは、その都度、繰り返し教えてもらった。

楽しかったことは

数え切れない。行事も楽しかったし、スキーなどのイベントも楽しかった。

ほんの些細なことでも楽しかった。例えば、雪が積もった木を蹴ると、ドッと雪が落ちてくるのが楽しかった。カメムシを掃除機で吸ってしまい、排気口から凄い臭いの空気が出て来て、みんなで逃げ回った思い出もある。

当時、個人体験発表でツリーハウスを作ったが、マイナスの気温の中で柱に使う木の寸法を測ることも楽しかった。

僕にとって〝山村留学〟はそんな所だった。

つらかったことは、人間関係

つらかったことは、人間関係がうまくいかなくて中学校でクラスメートに無視されたこと。しかし、これも今思えば非常に大切な経験になった。八坂に来る前（和歌山県・きのくに子どもの村学園小・中学校）は、「僕がイジメに遭うのは、相手が嫌な奴だからだ」、と他人のせいにしていた。自分の性格や態度は全部棚に上げていたが、八坂に来て、全く新しい環境の中に入っても、イジメは起きたし、孤立もした。

この時、初めて、「他人だけが悪いのではなく、自分にも原因があること」、に気づいた。

「ほとんど何も無い」環境

テレビ無し、ゲーム無し、漫画無し、雑誌なし、既製のお菓子のおやつ無し、都会の子どもがパッと飛びつく娯楽は何も無い。最初はきつかった。僕は大町まで炭酸飲料を買うために脱走したことがあるくらい（笑）。

僕たちの移動手段は基本的に「徒歩」。最初は学校の帰り道、空腹で半泣きになって帰ったこともあった。掃除や洗濯をしてくれる親もいない。

都会では当たり前になっている娯楽や、便利な乗り物がパッと無くなる。中学生の多感な時期にこの急な変化は、本当に大変だった。でも、3ヶ月くらい経つと、そんな思いは無くなっていった。

休みになって家に帰った時、それまで当たり前だと思っていた実家のあらゆることに感謝の気持ちが出てきた。

ただ、おやつなどの食べ物に関しては、山村留学の習慣がそうさせたのか、あまり食べなくなった。どうしてだろう？　あんなに欲しかったのに。八坂で育った美味しい食材を食べていたからかもしれない。

今も活きていることは、

「便利」の裏にある怖さに気づけたこと。当たり前だったものが「凄くありがたいもの」と思えること

僕は、音楽が好きなので、いつも音楽を例にしてしまうのだが、今、誰でもCDが作れる時代。誰もが世界中に自分のやっていることを発信できる。

北海道の人と大阪の人でバンドを組むことだってできる。でもそんな「便利さ」が音楽の世界を飽和状態にしているし、ライブハウスの経営を傾けさせている。「娯楽」が特別な楽しみでなく、当たり前になってしまっている。

大阪の街を歩くと、何時でも食べられるし、何でも買える。

なのに、なぜか疲れるし、イライラする。便利な世の中に生きているはずの自分は、結局「便利さ」が当たり前になっている。

そんな時、山村留学の経験を思い出す。

不便な中にも本当の笑いがあったたし、「便利なもの」への感謝の気持ちがあった。

「便利さ」は、悪くない。

それを「当たり前」だと思う気持ちが怖いことを〝山村留学〟で学び、それが、今も活きている。

「何もない」に感謝して自分から作って行こうとする気持ち

何も無いから、何もできないではなく、何も無いから、何でもできる。〝山村留学〟で学んだことの一つだ。

当時の自分は、すごく他力本願で、何かをする時は、いつも誰かが作りかけていることに乗っかっていた。

何も無い所から始めるなんて考えられなかったけど、八坂に行って、実際「ほとんど何も無い」所に放り込まれた。最初は大変だったが、自分で見つけて行くしかなかった。此所でできる楽しみ、此所でできる遊び、此所でできる自分のやりたいこと。

今、大阪に住んでいて、丸腰で出掛けても、お金さえあれば何とかなる。

でも、それじゃ、自分から行動する気持ちはドンドン失せていく。「何でもある」という環境は、「何も無い環境」よりも、ある意味「不便」である。〝山村留学〟でそのことに気付けたから、自分で行動できるようになった。

佐穂の高校生活

第十八回

佐穂は、２００２年、島根県江津市にあるキリスト教愛真高等学校へ進学した。高校は全寮制で1学年25名、全校で75名の小さな学校だ。

この高校は、山村留学と似たところがある。[※1] クラスは、個性が豊かでなかなかまとまらなかった。

2年生の秋、文化祭で「和太鼓の演奏がしたい」、と、先生方に提案すると、いくつかの理由をあげて「難しい」と言われた。

佐穂は山村留学で学んだ和太鼓を高校でもやりたいと思ったのだろう。

許可しない理由を聞いて、私たちも納得できなかった。

佐穂は、「和太鼓演奏をやりたいが、どう思うか」というアンケートを採り、全校生徒の賛同を得た。私も和太鼓を借りて高校へ行き、校長と交渉し、演奏を聞いてもらい、条件付きで許可していただいた。

娘は友人をさそって練習し、卒業音楽会で演奏した。

やりたいことを諦めず、全校生徒に働きかけ、想いを実現したのは、山村留学で学んだ〝自主性〟だと思う。また、山村留学で「人と人との〝間《ま》〟のとり方」を学んで、人と人をつなぐパイプ役にもなった。

沖縄の修学旅行

なかなか、まとまらないクラスが、変わるきっかけになったのは3年生の修学旅行だった。この高校は合唱が盛んで、お世話になった方々に感謝の気持ちを込めて1曲歌うのが伝統になっている。

その歌が今までと違って、うまく声が重なって一つに溶け合った、のだと言う。少しずつみんなの気持ちも重なっていった。

佐穂は、生き生きと高校生活を送るようになった。和太鼓演奏も3年生の文化祭と卒業音楽会に演奏することができた。

最後の演奏の時は、今にも雨が降りそうな曇り空の中、野外で準備していると、体育館でやってもいい、という許可がおり、屋内で初めて演奏することができた。太鼓の音は、聞いている者の心に響いた。

高校でも、一生の友達を得ることができた。今でも交流が続いている。魅力的な友人に恵まれ、学ぶことも多かったようだ。

以下は、佐穂が、高校生活について書いてくれた文章である。

笑いの効用

「高校生活で忘れてはならないのが、〝笑い〟だ。笑いは人生を最も豊かにしてくれるものの一つだと思う。

小さい頃は、なんでも完璧にしたいというこだわりが強く、『できなければ許せなかった』。また、『微笑ましくて笑っている』ことが理解できず『バカにされた』と思い込んで、よく怒っていた。

高校では、ユーモアに溢れた友達に恵まれ、常に笑いに囲まれていた。うまくいかないことや、つまずくこともあったが、いつも笑いに溢れていた。それは周囲も巻き込んで全てを明るく包んでくれた。

私は『〝笑い〟とは、なんて人生を豊かにしてくれるのだろう』と、気付くことができた。

また笑いを共有できるようになってから、大らかな心で何があっても立ち直ることができるようになった。失敗しても、みんなで笑えば、また活力が湧いてくることを学ぶことができたからだと思う。

〝笑い〟があるからこそ、人はそこに楽しみを見出し、人と共感することができる。それは波となって、周囲へと広がっていく。

限りある人生をいかに後悔なく生きるか、を考えた時に、人の人生に欠かせないのが〝笑い〟だということを、身を持って実感し、教えてもらった。」

※1：街から離れた山の中に学校があること、少人数であること、寮で暮らすこと等である。

第十九回
佐穂の大学生活

佐穂は、7年間実家を離れていたこともあって「家から通える大学に行きたい。」、と言うので、地元の大学を見学に行った。

校門から桜並木が続き、雰囲気の良い大学で、英文学科に決めかけていた。

夏休み前になって、兄から「俺が行っている大学も見に来ないか。」とさそわれた。家族旅行を兼ねて北海道に行き、大学のスケールの大きさとのびのびした雰囲気を見て「ここに決める。」、と言い出した。推薦入試を受けて、希望の学科に合格した。

2人暮らし

兄と長く離れていたので、一緒に暮らしたいと言って、2005年、兄との共同生活が始まった。

親の知らない兄の様子を知らせてくれることもあった。2人で仲良く暮らし、お互いの良さを改めてこの共同生活で感じたようだ。

さらに、今までの離れていた時間を取り戻すように、一緒に過ごすことで兄妹の絆が深まったような気がする。

今でもお互いに仕事の悩みなどを話し合っている。

カナダ留学

2回生になって「カナダへ1年間留学したい。」と言い出した。「このまま過ごしていたら、大学で何をしたのか分からなくなる。何か一つ、これというものを残したい。」という。

山村留学生が海外留学に行っていることは、よく知っていたが、まさか自分の娘が行くことになるとは思わなかった。

2回生の時、自動車学校へ通い、実技試験は北海道で合格していたが、「筆記は、大阪で受験した方がいいよ」、と言われ、そのままにしていた。

留学が決まったので、3月になって、筆記試験を大阪で受けたが、あと1~2点足りず、なかなか通らない。

カナダへ出発するという前日に、2時間の講習を受け、ようやく合格。「お父さん、受かった!」と弾んだ声で電話してきた。国際免許証まで取って来た。「大学の合格発表の時よりうれしかった。」(笑)と言っていた。

亮は、「ぎりぎりになってやり出すから、〝今日はガツンと言ってやろう〟と思っていたら、いつもチャント帳尻を合わせている。」とぼやいていた。

2007年、期待と不安を胸に、カナダへ旅立った。

5月から8月は、エドモントンの大学で語学研修を受けながら、ホームステイをした。リスニングに苦労したという。

ある日、ホームステイのマザーと待ち合わせをしたのに、うまく聞き取れず、待ち合わせ場所を間違えて怒られたという。スカイプで、妻と話しながらよく泣いていた。

8月になって、私たち夫婦はカナダ旅行を兼ねてホームステイ先を訪ねた。

語学研修が終わり、8月から、大学へ編入するため、荷物をまとめてレンタカーでオールズまで移動した。

3人でレストランへ行くと、わずか4ケ月しか経っていないのに、ウエイターの英語を聞き取り、注文できるようになっていた。

苦労した分、英語の力を身に付けているのに、驚いた。このことが、数年後、私が英会話に取り組むきっかけになった。

佐穂が行っている大学と姉妹提携しているオールズ大学には、日本からの留学生は、数人しかいない。

語学研修とはレベルが違い、講義は、初めのうちは全く理解できなかったという。寮の友人に恵まれ、分かるまで質問し、講義の内容が理解できるようになるまで説明してもらった、と言う。

9月になって、馬の実技の講義を受講したいと、大学の学部長に話すと、ケガを心配され、許可が下りなかった。

カナダの学生は、自分の馬を大学に持ってきているという。

諦めきれず、聴講していると、その熱意を認めて下さったのか、教官が実習に参加させてくださった。

11月からは、短期研修コースを受講し、大学で教えてもらった先生の夫がしている、競走馬の厩舎で実習することになった。そして、カナダで働ける厩務員の免状をもらうことができた。

この海外留学について、佐穂は次のように話してくれた。

「留学は私がやってみたいことの一つだった。

日本を飛び出して未知の世界を見てみたかった。

カナダでの1年間は、これまでの人生で一番勉強したように思う。とにかく、英語を必死で勉強した。

授業の内容を理解したいこともあったが、それ以上にカナダの友達の話を分かり、理解したいという気持ちの方が大きかったように思う。

自然が豊かなカナダは、どこか、長野を思い出す懐かしさがあった。

カナダの人々は、器の大きい人ばかりだった。

カナダ・オールズカレッジにおける仔馬のトレーニング風景

私の英語の発音が悪くて、聞き取れない時も、〝僕の耳が悪いからだ〟と、ジョークをとばし、私を笑わせてくれる、そんな素敵な心の持ち主が大勢いた。

心細かった私を大きな優しさで包んでくれた。この感謝の気持ちは一生忘れない。

この海外留学を経験して、いつか海外で、この感謝の気持ちを返したいと思っている。

海外で初めての長期滞在だったので、いろんなことに興味を持ち、モントリオールの街や、イエローナイフでオーロラを見ながら年越しをしたり、とにかく、充実した楽しい1年間だった。」

しゃかりきの4回生

3回生は、留学していたため、3・4回生で必要な単位を1年間で取得しないと、同期の友達と一緒に卒業することができない。

山村留学で培った「必要と感じたらやりとげる」精神でがんばり、無事に、卒業した。

卒業後、酪農農家で働いていた時、腰や足首を痛めたのをきっかけにして、予防医学としての鍼灸に興味を持つようになり、専門学校へ行って、鍼灸師の免許を取得している。

「今まで育ててもらった方々へ感謝の気持ちを込めて健康で幸せな生活が送れるよう、自然と共に生きて行きたい。」

将来は、自然豊かな場所で鍼灸の仕事をしながら農業もやり馬を飼うのが夢だという。

以下は、佐穂が〝山村留学〟から学んだことについて書いた文章である。

人間としての基礎を築かせてもらった

八坂村での生活が、私の頑なだった心をほぐし、なんでも好奇心を持って試してみること、吸収し学ぼうとする心を育ててくれた。

山村留学で、人間としての基礎を積み上げることができたように感じる。

道路の脇に咲いている小さな花を、きれいだと感じること。満天の星空に思わず立ち止まって眺めること。

現代社会は全てが目まぐるしく時間が過ぎて、みんな、そんなことには脇目も振らず、通り過ぎてしまう。

小さなことに感動できること。これってとても人生で大切なことだと思う。

根っこを育ててもらう

山村留学は、私の根の部分を大きく育ててくれたように思う。

多くの人は、「自分をよく見せたい」、と葉っぱかりを茂らせているが、困難に直面すると、葉っぱは風にもぎ取られ、あっという間に散ってしまう。

根は見えないが、問題に直面した時に、踏ん張る力、諦めない力、解決しようと前を向く力をくれる。

山村留学は、人間として生きていくうえで大事なものを教えてくれた。

感謝する心

また、感謝する心を大きく育ててもらった。

自然があり、いろんな人の苦労のおかげで食べ物をいただいていること、親と離れて暮らして、初めて親の愛情に包まれて育ててもらっていることを強く感じた。

さらに、耐えるからこそ得られる喜びは大きい。また、その喜びをみんなで分かち合うことの大切さを学んだ。

山村留学では、自分が知らないことはなんでも調べ、やったことがなければ挑戦してみることを教えてもらった。そして、この先にはどんなことがあるのだろう。そんな好奇心が持てるようになった。どんな感動が得られるのか。それが私の人生を豊かにしてくれた。

周りに恵まれ、たくさんの方々に育てられ、見守られてここまで来ることができた。

未来の自分は、一瞬でなるものではなく、一日一日の積み重ねがつくっていくので、今という時間を大事にしていきたい。時には喜び、時には悩みながら成長し、昨日よりも今日、今日より明日へとつなげていきたい。

山村留学から父親として何を学んだか

第二十回（最終回）

この本を出版することが、一つの区切りなので、山村留学を含めた30年間の子育てについて思うことを書いておきたい。

子どもの存在感

山村留学に子どもを出して最初に気付いたことは、〝子どもの存在感〟だった。子どもを八坂に出して、勤務から帰宅すると、家の中はシーンとしていた。「子ども2人は八坂に行ったのだ」と実感した。

私にとって「子どもは、自分のやりたいことを邪魔する存在だ」、と思っていたが、初めて、かけがえのない大切な存在なのだと気付いた。

個人体験発表

山村留学の良さを実感したのは、収穫祭の〝個人体験発表〟だった。個人研究発表ではない。

私の勤務した中学校でも文化祭で一つのテーマを数人で調べ、模造紙に書き発表するが、百科事典（今ならパソコン？）で調べたことを模造紙に書くだけだ。よく似ているが、質的に全く違う。

山村留学の〝個人体験発表〟は、11月までに体験したことをまとめ、発表する。個人の体験が土台になっている。

例えば、「塩の道を歩く」では、実際に糸魚川から八坂まで約１００㎞を歩いて、見たことや感じたことを発表する。

「なぜ廃集落になったのか」では、実際に廃村になった集落に行き、別の場所へ移った人を訪ね、「なぜ、移る必要があったのか」を聞いて来る。これらの発表は、実際の裏付けがあって、とても面白い。

また、発表する態度や発表の仕方、声の大きさは、自分で調べているので、自信に溢れ堂々としている。

山村留学の優れた一面で、小・中学校の先生には、ぜひ一度見学して欲しいくらいだ。

子どもに寄り添えていない

八坂の保護者会で、話を聞いて、「私は、子どもに寄り添えていない」、「共感できていない」ことに気付くことができた。

子どもが何を考え、どんな思いをしているのか全く理解しようとしていなかった。それどころか父親の考えを一方的に押しつけていた。今でも、まだ不十分な気がする。

子どもの長所が見える

一緒に暮らしていると子どもの短所ばかりが気になってしまう。山村留学に出して離れてみて初めて長所が見えてきた。

例えば、亮は、小学生の男子からは慕われている。佐穂は、農家ではまとめ役になって、母さんの手伝いを率先してやっている、などである。

生徒を理解しようとする教師になる

子どもの長所が分かるようになってから、仕事でも大きな変化があった。

中学校では、昔から「やんちゃな生徒」がいる。その「やんちゃな生徒」の良さや気持ちが少しは分かるようになり、毎朝、声をかけて良い面を褒めるようになった。

退職する前の送別会で同僚の教師が

「三好先生が声をかけたときだけ、あの生徒達は教室に入っていたんですよ」と教えてくれた。54歳になって、ようやく生徒を理解しようとする教師になれたように思う。

山村留学の保護者が多様な職業に就いているので、様々な話を聞かせてもらったことも、社会科の授業に大変役に立った。

父親としての自覚が無い

私は、父親の自覚が非常に乏しく、自分中心で大人に成りきれていないようだ。

妻がよく「うちには、子どもが3人いる」と言って笑っている。

私自身、「子どものためにやった」と、自信を持って言えることが少ない。映画に連れて行ったこと、家族旅行によく行ったことくらいだ。

子どもが山村留学に行ってから、私の方が、大きく成長させてもらったので、この記事の題名を「山村留学は、親育て」にしたのだ。

母親の決断が、子どもの人生を方向づける

亮の現在の人生は、本人の努力があったからだ。しかし、小学2年生の時に下した妻の決断が大きかった。

もともと、妻は、小学3年生頃から亮を山村留学に出したい、と考えていた。

大阪の「育てる会」山村留学の説明会で「地元の小学校で普通に生活できていないと、1年間の山村留学は難しいですよ」という話を聞いて、あきらめた。丁度その年にできたフリースクールの小学校「きのくに子どもの村学園」へ行くことになった。母親がきのくにから山村留学、北海道の高校・大学へと道筋をつくった。

子どもと父親の関係

私は、小学校へ入学したら、子育ては終わると思いこんでいた。しかし、この考えは、間違っていた。それぞれの年齢に応じて親の心配事は尽きない。それどころか、その年齢に応じて考えなければならないことが数多くあった。

この「親育て」を改めて通読すると、特に子どもの幼児から小学生時代の父親としての不十分さを突きつけられる思いでにがい。

子どもが中学生になると対等に話せるようになるのでおもしろくなってきた。

特に、妻と娘の関係を見ていると、女の子がいて良かった、と思う。妻と娘は、仲良く話し、買い物にも一緒に行く。娘が悩んだり、落ち込んだ時は、聞き役になって、励ましている。2人は良く笑う。

父親と息子の間もよくなり、息子の作詞作曲の曲についてや、息子の読み終わった本を私が読んで意見を交わす機会が出てきた。曲のめざしている所を理解できるようになったし、本の内容のおもしろさ

も同じ意見になることが時々ある。

父親と娘の間は、共通の話題が持てるように努力はしている。とくにドラマは、娘が見てよかったものを私にまわしてくれ、これが結構おもしろい。二人がおもしろいと思う箇所が同じなのがうれしい。娘のカナダ留学には大きな影響を受け、英会話に励むようになった。


今年の5月連休に子どもと私の3人でお見舞いに行った。山村留学の時、2人がお世話になった受け入れ農家の母さんが体調をくずされたからだ。その車内でおおいに話が盛り上がった。今までは、お母さんが間に立って子どもとお父さんをつないでくれていたのに、お母さんがいなくても良い雰囲気で話が出来たのは珍しいし、うれしかった。

人生の重要なことで2人の子どもと話し合えているかどうかは分からない。

家族が明るくなった

山村留学では、未熟な親に変わって、受け入れ農家さんをはじめ、いろいろな方に育てていただいたおかげで、子どもが真っ直ぐに育ったように思う。

子どもと私の関係も改善した。硬直していた私が少しは、柔らかくなってきたので、団らんの場で会話が弾むようになった。家族は、以前より明るくなってきたと思う。

娘が飼いたいと言って4年前から大型犬を飼うようになったが、家族の会話は一段と増えた。4人とも犬が大好きだ。

結び

子どもを山村留学に出したことから、私は子どもを理解しようと努力し始め、今も続けている。今までと同様に、自分が活き活きと暮らすことによって子どもに影響を与えたい。カッコ良く言えば、「親の後ろ姿から学んでほしい」

今は、子どもと私が温かい交流ができるようになり、昔とは全くちがう父子関係になって本当によかった。これからも、このよい関係を続けていきたい。


（おわり）

【三】山村留学の始まり ―『育てる会』小史―

「山村留学」がどのようにして始まったのかが、私の次の関心だった。この章は、山村留学の創始者青木孝安氏のインタビューを元にしている。さらに八坂村の「山村留学」に関わられた農家の方々、今も関わっておられる農家の方々、「育てる会」の修園生保護者、旧・現職員の方々のお話を聞き、月刊誌「育てる」を読んでまとめたものである。

子どもと私を成長させてくれた八坂学園の「山村留学」について、「育てる会」と八坂村の農家に感謝の気持ちを込めて書いたつもりだが不十分な点も多くあるかもしれない。その点は、お許しをいただきたい。

一、赤トンボとヘドロ

教師となる

青木孝安氏は、長野県松本市の出身である。

１９５０年、青木氏は、長野師範（現信州大学教育学部）を卒業し、新米教師として、長野県下伊那郡河南《かなみ》村（現伊那市高遠）の河南《かなみ》中学校に赴任した。初任給は３９９９円だったという。

青木孝安氏が新任で赴任した河南中学校跡

子どもは、わら草履にキャンバス地のカバンを肩から掛けて通学していた。日直のときは、宿直室に子どもがやって来て、おしゃべりや、宿題をしていた。日曜日になると、「茸採りに行こう、絵を描きに行こう。」と誘われた。町で豚肉を買ってきて、子どもたちと茸鍋をして食べた。

家庭訪問では、女の子が、山羊を連れて草を食べさせながら、次の生徒の家まで送ってくれた。子どもたちは、キイチゴやアケビや蛇を串刺しにして焼いたのを持って来て「先生、旨いから食え」と言われたこともあった。病気になって寝込んでいたら、枕元に木の実がたくさん置いてあり、子どもたちの温かい気持ちがうれしかった。赤トンボが稲穂の上をスイスイ飛び、紅葉の美しい村だった。

「教室は神聖な場所」で、授業中は私語も無く、集中して聞いていた。

学校が終わると、子どもたちには辛い仕事が待っていた。中学生になると、一人前の労働力として、牛・馬耕、草刈り、薪運びなどをするのが当たり前の時代だった。

ある年、大きな農家を借りて、自炊した。町の中で暮らしていた青木氏にとって、ムジナや鹿の鳴き声が聞こえてくる寂しさを知った。初めての体験だった。新月の頃は、真っ暗闇で、山の中は、何も見えない。森のざわめきや沢の水音を聞きながら、崖から落ちないように歩き、自然の怖さを思い知った。

青木氏は、「この3年間の農村のくらしが、今日の私を作った土台になっている。」と語る。

東京へ出る

教員社会は、強い師範閥があった。長野県は、3年で転勤になる。現在でも原則的に同じである。河南中学校で3年が終わろうとしていた。

「東京へ行って、自由に生きたい」という思いが強くなっていった。

東京都の教員採用試験を台東区で受け、合格した。墨田区の下町の小学校に決まった。1953年のことである。

東京には、まだ空襲の焼け跡が数多くあった。その小学校もコンクリート4階建てだったが、3〜4階は、黒こげのままで、1、2階だけ、普通教室として、使われていた。校庭はアスファルト舗装で、たいへん狭かった。全校で24学級くらいの小学校だった。(1学級42人くらい、1学年4クラスくらい)

近くに国技館があり、校区には多くの相撲部屋があった。青木氏は、双葉山、名寄岩、行司の式守伊之助の子を担任したという。

見るもの、聞くものが強烈な刺激だった。この小学校で13年間、熱心な校長にも恵まれ、多くのことを学んだ。

教育実践に励む

視聴覚教育の指定校になって、視聴覚教材や学校放送設備について研究した。屋上から花火がよく見えたので観覧券を売り、その純益でPTAが放送設備を整えてくれた。NHK第二放送の学習講座を20分聴き、そのあと授業を展開するなどの工夫をした。スピーカーの位置、はっきり聞こえるにはどうしたらいいか、授業展開はどうするか等を論文にまとめて、応募したら、NHK協会賞を受賞したという。

この小学校で職場結婚した。

1955年頃の隅田川は、自然堤防で護岸がなく、水上バスが通い、引き潮になると、ヘドロの臭いがした。午後になると、スモッグのために辺りは暗くなった。1958年頃だったか、PTAが教室に蛍光灯をつけるぐらいのひどさだった。

疑問を抱く

この小学校は、公立だったが制服があり、下町の学習院と言われていた。千葉県から越境する子がかなりいて（30％くらい）、校区の親は、子どもには有名私立中学校へ進学させたい、と考えている人が多かった。「親の夢だったんでしょうね。」と青木氏は、つぶやく。

ＰＴＡ組織の中に、受験対策部があり、男子は、麻布中、開成中、慶應付属、女子はお茶の水付属、桜蔭中、双葉中などを目指していた。

ＰＭ５：00～７：00まで国語・算数の補習をした。クラスのほとんどの児童が受けていた。３回、６年生を卒業させたが、年々、受験競争は激しくなっていった。

田舎の教員生活とは全くかけ離れた教育をしながら、〝これでいいのだろうか？〟〝人間らしい生き方なのだろうか〟、と疑問が湧いて来て悶々とする日々が続いた。

※　：どういう時代だったのか

　青木氏が東京都墨田区や新宿区の小学校で勤務した14年間はどのような時代だったのか。

１９５３年は、１９４７年～４９年生まれ、後に「団塊の世代」といわれる子ども達が、小学校へ入学を始めた年にあたる。「すし詰め教室」と言われ、特に高校・大学受験では、受験戦争・受験地獄という言葉が出て来た時代である。

１９５６年に、経済企画庁が「経済白書」で〝もはや戦後ではない〟と主張した。

１９６０年の安保闘争をへて、池田勇人内閣が「国民所得倍増計画」を打ち出し、猛烈な工業促進政策を実施して、農業を切り捨てていく。「公害」の被害が広がりだした。

１９６４年新幹線開通、東京オリンピックと続く。

日本全体が、経済至上主義、お金儲けに一斉に走り始めた時代であった。

教育も社会の変化の影響を受けて、児童生徒一人一人の全面発達を図ることから、次第に学力偏重になっていった。

青木氏は、山村留学を始めることになった原風景を、著書「子どもの人生と自然体験」に書いている。

『山村と都会での原風景』

いま私は、私の過去に、いくつかの原風景を思い起こすことができる。

その1つは、新任地上伊那の中学での授業風景である。

秋たけなわの11月、私は教室の窓外の、燃えるような紅葉に目を奪われていた。そして、紅葉というものは、日に日に色を増し、最後の一両日、燦然と光り輝いて終わることを知った。

教室に目をやると、黙々と鉛筆を走らせる子どもたちの、その鉛筆の上に、赤トンボが止まっていた。子どもたちはそれを払おうともしなかった。動と静が見事に融合した、心地よい静寂をそこに見た。

秋の学校はストーブの薪作りに忙しい時でもあった。子どもたちと背負子にいっぱいの薪をゆわえ、何回も山道を往復した。重労働だった。しかし、誰一人として不平を言わなかった。重い背負子を背負って山道を下る子どもたちの後ろ姿がいまだ目に残っている。

そして東京の学校でのこと。

昭和30年の東京の空はスモッグに覆われていた。午後ともなると教室は薄暗かった。隅田川のほとりにある学校は干潮時に当たると、川底のヘドロの腐臭が教室に漂った。東京の学校で、私は初めて補習授業という言葉を知った。学校の正規の授業終了後、更に、有名私立校受験に備えての受験指導の授業を行うというものだった。子どもたちは明かりを灯した教室で懸命に学習にいそしんだ。

私は、補習授業なるものに、いささかの疑問を抱いたことを記憶している。

しかし、子どもたちは明るく活発だった。特に、自己を主張することと発言力は、山村の子どもの比ではなかった。

山村と都市でのこの二つの体験は、私の人

生における貴重な原体験となった。そして、その中に、鮮明に息づくこれらの原風景が、今の私の仕事の原点になっていることに改めて気付く今日この頃である。』

（青木孝安著・「子どもの人生と自然体験」・育てる会発行・1999年1月31日）

二、「育てる会」をつくる

転勤した新宿区の小学校は、わずか1年間勤めただけで退職する。在職17年、37歳の時だった。

青木氏は、退職したことを次のように語る。

「教師という仕事にやりがいを持っていたし、何よりも仕事そのものが好きだった。それなのに、『辞職した理由は何だったのか』、と、時々、自問してきた。

その時の心情は、

『一度しかない人生、煩わしい制約から離れて、自分の人生を自由に生きたい』という、若い頃の主観的、感情的色彩の濃い決断であった、と思う。

退職した時から、現在のような仕事を描いていたわけではないし、また、描けるはずもなかった。ただ、過去の経験から、子どもの活動の将来に、夢を描いていたことだけは確かだった。

退職した時、束縛から解放された感覚だった。真っ青な空に向かって、両手を思い切り伸ばして、深呼吸をした気分でした。」

二男の高志さんが、母親に聞いた話によると、確かに退職するとは言っていたが、「今日、退職願を出してきたから」と、急な宣告であった。

私の率直な感想を一つ付け加えるならば、〝若さのもつ勢い〟である。それが辞職への引き金を引いた、と想像する。子ども2人の父親で家庭を持っている者が、安い給料ではあっても、とにかく定収入があるわけだ。それを投げ捨て、自分らしい教育をしたい、という思いで職を辞める。〝勢い〟がなければ難しい。奥さんは、どんな気持ちであっただろう。その後の青木氏の苦難の20年間を知ると、ますます、その思いは強い。

初めに、教え子の母親達と、「積み木の会」をつくった。「つみき」という冊子を発行し、教育について語り合った。

翌1968年に保護者のすすめで、「家庭教育研究所」に改めた。教育問題を考え、それを発表するために「育てる」という月刊誌を始めた。この誌名は、〝子どもの長所や特性を見つけ伸ばしていく〟という意味でつけた。この月刊誌「育てる」は今も続いており、2014年12月現在、通巻557号まで発行され、一度の休刊もない。

同年、会の名称を「育てる会」に改め、会員を募集して組織化を目指した。その中で、何人かが集まって、「子どもの環境改善運動をやろう」ということになり、
①おもちゃの研究
②子どもの遊び場を調べる
のテーマで活動を始めた。

おもちゃの会社に勤めていた人がいて、その人の紹介でおもちゃ制作の株式会社Tとつながった。幼稚園におもちゃを持って行って、遊んでもらい、その評価をまとめ、会社に報告する活動だった。都内の幼稚園を数多く訪問し、十年余り続いた。会社は、毎月、援助金を出してくれたので、月刊誌「育てる」発行の費用になった。

初代の事務所は、1969年、新宿区市ケ谷台町にある八畳一間のアパートの一室だった。

青木氏を含め4人が中心になって、討論をし、方向を決めた。

三、野外活動に出る

1969年の夏休みに初めて3泊4日の野外活動を行った。児童と保護者29人が参加。会員のM、S両先生の勤務先だったT実業高校のバスを借りて、長野県広津村の中山温泉で1泊。隣の八坂村の農家に2泊して田舎暮らしを体験するという画期的なものだった。今までの宿泊施設(旅館・ホテル・民宿等)に泊まって行う野外活動とは全く異なる内容だった。

きっかけは、青木氏の勤務校だった東京の下町の保護者が、「私たちは、忙しくて、子どもをどこにも連れて行くことができない。夏休みに、ぜひ子どもをどこかへ連れて行ってくださいよ」という要望

があったからだ。

青木氏は、家庭教育研究所時代の会員Nさん（長野県池田町出身）から広津村の村会議員である中沢清寿さんを紹介してもらった。中沢さんが仲立ちして広津村の人々に集まってもらい、青木氏が農家に泊まることをお願いしたが、良い返事はもらえなかった。その後、中沢さんから、「お話を聞いて、たいへん感銘を受けた。とても意義のある活動なので、隣村の八坂村にいる、村会議員の縣《あがた》茂登市氏を紹介するから、訪ねてみてはどうか」という手紙が来た。

そこで、縣茂登市さんを訪ね、活動を受け入れてもらえないか、と教育上の意義を説明し、頼み込んだ。縣茂登市さんは、活動内容に納得して引き受けた。半数は、縣宅、半数は隣の生坂村の農家に泊まることになった。

１９７０年２回目は、45名だったので、縣茂登市さんは、自分の住む相川集落の農家に頼んで回って、ようやく4～5軒の農家が協力してくれることになった。

青木氏は、この野外活動の経験でピーンと来るものがあったと言う。**「自然の中で、子どもが暮らすことにより、子どもの持つ才能を子ども自ら育てる」ことに気がついた。これこそ自分がやろうとしていたこと、だと確信した。**

１９７１年３回目は百名近くが参加し、この農家に宿泊する野外活動を１年間の山村留学が始まる１９７５年まで７回実施している。

農家に宿泊して、農家の暮らしを体験する野外活動は、その当時、まだどこもしていなかった。独創的な内容だったのでＮＨＫや朝日新聞に大々的に取り上げられた。

１９７２年第４回の自然体験活動は、東京の事務所の３台の電話が、連日鳴りっぱなしだったという。そして、夏・冬で、１１００名が参加するという爆発的な盛況を迎えた。

四、幸福な出会い

最初の短期自然野外活動を受け入れた八坂村の農家の人に「なぜ、受け入れたのか」を聞いてみた。

縣　敏さん（縣茂登市さんの息子・一郎さんの妻。茂登市さんと一郎さんは、すでに亡くなっておられた）は、私の娘を預かってくださった受け入れ農家で、今も続けておられる。また、故郷物産センターでそば打ち講習の先生もしておられた。敏さんは、素朴な笑みを浮かべ話して下さった。

「度々、青木先生が来られ、その熱意に負けて、夏だけ、短期行事の子ども達を受け入れることになりました。」

受け入れを決めるまで、相川集落の話し合いが持たれたが、集落の人々の反応は良いものではなかった。

「一番の問題は、大人数を受け入れるには、水が不足したことです。当時は、村営水道が無く、自家用の井戸を掘って、湧き水で生活していました。天水を風呂水にするくらいでした。」仕方がないので、相川集落では縣家一軒で半数を引き受ける決心をした。

飲料水が不足して、たくさんの人数を、引き受けられなかったとは、思いもよらなかった。

1回目の活動の時に相川のお宮で昼食をとることになった。敏さんは、子ども達は、こんなものを食べてくれるのだろうかという不安を持ちながら、煮物と漬け物を持っていくと、子ども達は、喜んで食べてくれた。子どもたちの食事を心配していたのでほっとしたという。

ところが、3年目は、百人近い参加者があり、相川集落だけでは、泊めることができない。一郎さんが、切久保集落に住む同級生の勝野喜六さんに相談した。喜六さんは、すぐに同級生の曽山にいる諏訪義十さん、隣組の仁科克彦さん、押ノ田の勝野貞一郎さんに声をかけ、野外活動を受け入れるかどうかを相談した。

勝野喜六さんは、インタビュー当時は80歳。お元気で、背筋はピンとしており、歩みはさすがに年齢相応にゆっくりしておられるが、眼光鋭く、威厳に満ちていた。

なぜ、青木氏の試みを引き受ける気になったのか。喜六さんは、その当時50歳だった。

「青木先生の話を聞いて、私も青木先生も同じ長野県人。長野県人がやることだから、まぁ間違いは、なかろう、という同郷人への信頼です。自然に入っていきました。
それに面白い行事というか、都会の子どもを、農家に泊めて田舎暮らしをさせる、という珍しい試みだったことが理由ですかね。」

信州人同士の信頼関係は、私が想像する以上に強いものがあるのだろう。

諏訪義十・あき子夫妻は、勝野喜六さんと並ぶ八坂村の受け入れ農家の代表的な方であった。

「勝野喜六さんとは、小学校の同級生でした。私と勝野喜六さん(切久保)・勝野貞一郎さん(押ノ田)・縣一郎さん(相川)の4人は、仲間作りをしていました。縣一郎さんから、勝野喜六さんに農家泊野外活動の子ども達を受け入れないかという呼びかけがありました。勝野喜六さん宅に、4人が集まっている所へ、青木先生が、来られ、説明がありました。面白そうだから、やってみようと話がまとまり、10軒くらいの農家がやってもいいという農家が出てきました。」

4人のお話を聞いていると、意外に山村の閉鎖性を感じない。むしろ、積極性すら感じる。[※1]

こうして、1973年から夏・冬・春の農家泊野外活動は、その後順調に2014年現在まで続いている。[※2]

青木氏は、素晴らしい人々に巡り会っている。それは、青木氏自身が人を惹きつける魅力的な人であった、と同時に、青木氏に共鳴した八坂村の人々もまた、魅力的な人々であったからである。人間と人間の幸福な出会いが、新しい教育活動「山村留学」を創り出して行く。

※1：ところで、1969年前後が、どんな、社会状況だったかを知る必要がある。1961年に成立した、農業基本法は、日本経済の主柱を鉄鋼・造船・化学・電機など重化学工業に軸足を移すために、農業を脇に追いやる働きをした。1965年頃から、「三ちゃん農業」(おじいちゃん、おばあちゃん、おかあちゃんの3人による農業。とうちゃんは、工業関係

で働くことが増え、都市へ出稼ぎに出て行く。)といわれるようになる。1964年頃、中高校生は「金の卵」といわれ、都市へ出て商工業に就職した。集団就職列車が走った。農山村から、壮年男性、青少年の多くが、都市へ移っていった。ナイロンが絹に取って代り、桑・養蚕がだめになった。電気・石油・都市ガスが炭に取って代る。つまり、長野県の小さな山村・八坂村でも、主産業の桑・木炭・材木が売れなくなっていた。八坂村の名前で分かるように、坂が多く、斜面の多い土地は、水田を広くして、米の増産ができなかった。日本の工業化の波が押し寄せて、村の将来が、危ぶまれる状況だった。おそらく、村の心ある人々は、村の活路をどこに見つけたらいいか、と真剣に考えていたのではないか。そこに、持ち込まれたのが、農家泊野外活動だった。1970年は、「大阪万博」のあった年である。

※2：2015年の夏で47回になる。最近は少子化の影響もあって参加人員は減少傾向にあるが、夏で600人以上参加する年が多い。

五、初期の農家泊野外活動の様子

勝野喜六さんの話「まず、保健所の許可をとることから始まりました。外部の人を1軒で何人も泊めるからです。そこで『民宿』という形にしました。30数軒くらいの農家に宿泊をお願いし、自費で台所・トイレ・風呂など必要最低限の改修をおこない、『民宿組合』を設立したのです。(初代組合長は、勝野貞一郎さん)」

仁科克彦さんの話「民宿といっても、短期行事にくる子どもだけ受け入れていて、一般の宿泊施設ではないですよ。[※1]」

1971年の農家泊野外活動が始まった。勝野喜六さん宅が本部になり、百名の子ども達を農家に振り分けた。喜六さんも、十数名預かった。農家の部屋数によって、子どもの数は、調整した。平均10名ぐらいだったという。

勝野喜六さんの話「毎晩、青木先生を始め、指導者が、私の家に集まり、夜中の12時頃まで、打ち合わせや、酒を飲んでワイワイガヤガヤ。いや、大変でした。」

「参加した子どもたちが、まず、家の広さに驚き、広い部屋を走り回り、縁側を珍しがった。井戸にも興味を持ち、目の色を変えて動くのです。農家の建物自体が都会から来た子どもには、珍しかったようです。家に迫る山、美味しい水、など、一つ一つに感動していましたね。見ず知らずの子ども同士で一緒に寝るのも新鮮だったようです。生き生きとして、行動範囲も広がっていきました。やりがいがありました。

トラクターで畑へ行く
（提供：勝野大さん）

4泊5日の内容は、農家は、わら細工・竹細工等を教え、指導者は、村の遺跡や村の泉へ連れて歩きました。」

勝野喜六さん宅の前にある湧き水は、八坂村で、最も美味しい水の一つである。

勝野　大《まさる》さんの話「夏行事は、葉タバコの収穫や田圃の水管理で一番忙しく、引き受けられるのか心配しましたが、姑がわら細工の指導をして、家族が協力してくれたおかげで、無事に過ごすことができました。

家の裏には、洞窟があり、湧き水は、夏でも冷たく、やって来た子ども達は、沢ガニを探したり、その冷たい水で流しソーメンなどをして、とても楽しんでいました。

トラクターのトレーラーに乗って畑に野菜採りに行くこと等もしました。わずかな日数でしたが、やって来た子ども達は、喜んでくれました。」

実は、受け入れ農家が成立する上で、裏で支えてくださる〝お母さん〟（妻）の役割が極めて重要である。実際に子どもたちが宿泊して、具体的に面倒を見るのは、お母さんである。食事・洗濯・ふとんの準備から寂しがって泣く子どもを慰めることまで、全てお母さんの肩にかかる。

※1：仁科克彦さんの話にあるように「民宿組合」は、一般の旅行客を泊める「民宿」ではない。あくまで、4泊5日農家泊野外活動に来る子どもを預かる、後には1年間の山村留学生を預かるために作られたものである。
このことは、全国の山村留学地を訪問した時に「誤解」されていた。

八坂村へ視察に来て、山村留学を始められた町・村があるわけだが、インタビューすると、「八坂村の受け入れ農家は、商売としてやっている」、という答えが返ってきて驚いた。

1971年当時、農家泊野外活動は初めての試みであり、子どもを泊めるために、やむを得ず「民宿」という形態をとらざるを得なかった。そうしないと外部の子どもを泊める許可が出なかったのである。

この誤解を解いておかないと、後の「山村留学」が教育活動ととらえるか、商売としてとらえるか、の分かれ目になる。

六、山村留学の立ち上げ

財団法人の認可を獲得

青木氏が、退職後に作った「積み木の会」「家庭教育研究所」「育てる会」は、全て任意団体で、法人格を持たなかった。

ところが、野外活動の参加者が増えてくると、野外活動センターを建設する構想が出て来た。そうすると公的団体の資格を取った方が、広く資金集めすることができる、という助言をもらう。

青木氏は、財団法人の資格を取得するために、1年間東京都に通い、1970年にようやく認可され、東京都の教育委員会所管の財団法人「育てる会」の資格を得たが、この時、法人認可の厳しさをいやというほど知った。

さらに1972年に文部省（現文部科学省、以下同じ）認可の財団法人を申請し、認可され全国規模の文部省所管・財団法人「育てる会」になった。

認可を得るために、多くの人々の援助があったそうだ。

1年間、村で暮らしたい

「育てる会」主催の7年にわたる自然体験活動〝育てる村〟の参加者である保護者や子どもたちの中から、「1年間、八坂村で暮らしてみたい。」という声が出てきた。

その声を受けて、青木氏は、「何とか子ども達を1年間山村で暮らして、村の学校へ通えるようにできないものか」、と考え始めた。自然の中で子ども達が活き活きと活動することを知った青木氏は、実現に向けて走り出した。

まず、農家の方々の理解と協力が必要だった。

八坂村に通いつめる

農家宿泊野外活動に参加していた、子ども達は、八坂村が良いという。そこで、八坂村に的を絞って働きかけた。

1971年、「1年間、村で子ども達が暮らし、村の学校に通うことについて」というテーマで、八坂村の方々に集まってもらった。

出席された村民の方々は、

①過疎対策になる。

②子どもが来れば一定の収入になる。

という話に惹かれたようだ。

しかし、この時、別の案件が、八坂村に持ち込まれ、どちらを受け入れるか、村民は迷ったという。

この話は、一時、棚上げになったが、別の案件は、刑事事件が起こって、立ち消えになってしまった。

再び、1年間子ども達が村で暮らし、村の学校へ通う話が前面に出てきた。

青木氏は、八坂村に通い続けた。当時、高速道路は無く、国道20号を走るか、列車で行く。村の世話役に手紙を何十通と出した。

村役場に通う旅費のために、東京の保護者が紹介してくれた中古車販売まで手がけたという。

七、青少年野外活動センターを建設する

センターの役割

農家泊野外活動の参加者が、増加しはじめると、宿泊設備のある野外活動センターの必要性が高まった。農家泊野外活動の3期を始める時、八坂村の「民宿組合」を立ち上げたが、どうしても参加した児童・生徒はお客さん扱いになってしまう。

青木氏は、「受け入れ農家の意識を子どもを泊めることから、人間を育てていく、という教育的な指導をする方向に導いていかなければならない。そのためには、全体を見渡す役割を果たし、活動もでき、宿泊もできる、事務局機能も合わせ持つセンターが必要だ。」、と考え始めた。

資金はなかった。センター建設にかかる費用は1億円くらい。補助金を出してもらえそうな所に申請した。日本船舶振興会もその一つだった。

月刊誌「育てる」に、〝こんなセンターを作りたい〟という記事が載せられている。1人が10万円を出資し、5万円は、土地代に、5万円は、センター建設基金にする、と構想された。

〝山村留学〟という名称の誕生

センターを八坂村のどこに建設するかということで、農家泊野外活動の紹介記事を書いてくれた朝日新聞のY記者、K村長、青木氏の3人でジープに乗り、村内を回って、候補地を探したことがあった。その車内で、青木氏が、「子どもを、1年間、自然の中で暮らすことができるようにしたい」、とこれからの構想を熱く語った。その話を聞いたY記者が、「それなら、山村留学ですね」と言われた。〝山村留学〟の名称は、こうして誕生した。

センターの建設地見つかる

野外活動センターは、初め、八坂村に近い大峰高原周辺が候補地になった。

県敏さんの話「ところが、その土地は、池田町の人々の共有地でした。水が無く、青木先生は、水道を引くとおっしゃっていましたが、土地を譲ってもらう話も頓挫し、水道を引く話も難しくなりました。お義父さんは、大峰のセンター建設予定地に水道を引き、道路を建設することに尽力していましたが、

うまくいきませんでした。」

勝野喜六さんの話「短期行事をしている時から、野外活動センターを建設したい、という話は出ていました。現在八坂・美麻学園が使用している青少年自然野外活動センターが建っている土地は、私の土地でした。たまたま、植林でもしてみようか、と考え伐採して、広場らしくなっていたのを、青木先生が見て、『ここに建てたい』と望まれたので、お貸ししたのです。」

野外活動センター構想図（提供：育てる会）

センター建設に着手

現在、東京都武蔵野市にある、「育てる会」・東京本部の会長室に、その野外活動センターの鳥瞰図がパネルにして掲げてある。（上図）

昨年（1972年）申請していた日本船舶振興会より、思いがけず、「野外活動センター」建設のための助成金5000万円が承認された。但し、今年度中に建設着手という条件がついた。「育てる会」には、保護者や企業などからの寄付金が少しあっただけだ。

文部省所管の財団法人だったので、大蔵大臣（現財務大臣）より、野外活動センターの建設資金募集に関して非課税の特別処置である「指定寄付」の承認が得られた。

「経団連へ行って、財界から募金をつのったらいい。」という助言を受け、文部省も「育てる会」を推薦してくれたので、さっそく経団連をたずねた。経団連事務局は、電力・鉄鋼・銀行・その他の企業

地鎮祭（提供：育てる会）

などを割り当ててくださったが、訪問して頼んでも全く寄付は集まらなかった。「運悪く、石油ショックと重なり、『育てる会』に人脈がなく、『育てる会』の努力も足りなかったので寄付が集まらなかったのだろう。」、と青木氏は語った。

ところが、青木氏は「お金は、集まるだろう」と、考えて、センター建設に踏み切った。松本市にある建設会社N組と契約した。

建設中の青少年野外活動センター（提供：育てる会）

設計変更や建設を始めてまもなく石油ショックが襲い資材が高騰し、建設費総額は、大幅に増えたが、その内、5000万円は、日本船舶振興会の助成金で支払い、さらに大小の寄付を受け建設費として支払った。しかし、まだ未払い金があった。

青木氏は、「なんとか完成したい」、という一念で、工事を続行した。

勝野喜六さんの話によると、建設予定地には、全く水が無く、コンクリートを打つのに必要な水は、全て、トラックで勝野喜六さん宅から運んだ、と言う。

センター竣工

設計事務所の監査で1年間ぐらい、工事は中断したが、それでもようやく1974年、めでたく完工し、10月17日に建物完成の監査が、日本船舶振興会の係員によって行われ、翌1975年5月3日には、竣工式が盛大に行われた。

青木氏は、胸がふるえるほど感激した。理想とする教育実現への第一歩を踏み出した。

当初、センターの管理と経理は、勝野喜六さんが受け持った。

建設費の調達

センターができたことは、大きな喜びだったが、まだ、全額が支払われていない。

いろいろな経過があって、最終的に地元の農協から八坂村の農家が融資を受け、「育てる会」は、その農家から借り入れする形になった。

仁科克彦さんの話

1975年12月30日、仁科さんは車を運転して、松本市内のN組事務所まで残っていた建設費の支払いに行っている。

「理由は忘れたが、出るのが遅れ、午後3時には、支店が閉まる、というので必死で運転して行ったよ。さらに松本市内のN組事務所まで現金を運んだが、年末で渋滞していて、事務所が閉まるまでに届けなければならない。いやぁー、もう、必死だったよ」。

勝野喜六さんも語る。「寒い日でねぇー、お茶の一杯も出なかったことをはっきり覚えていますよ」

青木氏は教員出身で、経済・経営の面は全くの素人で、この後何年間か借入金返済が安定軌道に乗るまで苦しむ。

農家も青木氏も大変な苦労をされたことが分かる。私たちの子どもは、そのおかげで山村留学の体験ができている。そのご苦労に心から敬意を表したい。

八、1年間の山村留学始まる

伸びる参加者

こうして、青木孝安氏の年来の悲願である「山村留学」が、1976年に八坂村で始まった。参加者は、1年ごとに増えていった。

数多くの新聞、テレビ局の取材・報道の影響もあった。また、自然の中で育てたい、田舎暮らしの体験をさせたいと考える保護者もいて、私のインタビューによると、保護者が学童疎開体験者の世代であったことも影響している。

初期の山村留学生は、ほとんどが、東京都である。他に神奈川・千葉が複数、岩手、愛知、埼玉などである。都市部の初期の山村留学生の保護者

一年間の山村留学

	小学生	中学生	計
一期 1976年	8名	1名	9名
二期 1977年	13名	3名	16名
三期 1978年	7名	5名	12名
四期 1979年	13名	4名	17名
五期 1980年	17名	5名	22名

に、インタビューすると、参加させた動機は、「子どもに、故郷をつくってやりたかった」がある。1期生の保護者に話を聞いた。

1976年4月1日、**上部《かんべ》正幸さん**は、家族4人を軽自動車にのせ、八坂村に入った。「こんな山の中か！」「えらい所にやって来た」という思いが正直なところであった。急な坂道をうねうねと登っていく。初め少しあった人家も途絶え、鬱蒼と茂る杉林が、あたりを暗くしていた。

上部さんは、山村留学や「育てる会」を朝日新聞の記事で知った。夫婦共に東京育ちで、田舎がなかったこと、親から離れた生活を子どもに体験させたい、という2つの理由で山村留学に出すことを決めた。遊びの延長と考えていたと言う。説明会に行って、話はトントン拍子に進み、現地を見ずに決めたので、八坂村に来たのは、入園の時が初めてだった。

ようやく着いたセンターには、人影がない。すでに到着している人がいた。待っていると、鳥の鳴き声が聞こえてくる。しばらくして、仁科宰知代さんが来られ、ようやくセンターに入った。

上部さんは「一つ一つがショックでした。娘よりも先に親の方が、意識改革をしないとえらいことになる」と思った、という。

小学校では、山村留学生の一期生の歓迎会があった。ところが、センターでは、そんな様子が、全くない。思わず、「育てる会は、歓迎会のようなものは、しないのですか」と尋ねると、青木先生が「じゃ、今からやりましょうか」と言い、急遽「歓迎会」が行われた。歓迎会では、9人の山村留学生の保護者から、熱い思いが語られた。

1期から21期までセンターで勤務した「育てる会」職員の**児玉美代さん**も入園の集いは、2期から始まった、という。美代さんは長い間、山村留学生と保護者から〝お母さん〟として慕われた。

初期の山村留学

八坂センターは、元職員の児玉美代さんの話によると、

1階　玄関ホール、食堂、吹き抜け、左に大広間

2階　大広間2つ

3階　左側女子の個室、風呂場。右側男子の個室、

風呂場、機械室
各階　トイレ

という配置で現在の配置とは異なる。

1、2期の主任指導員だった、**山本光則さん**は、現在、公益財団法人「育てる会」常務理事で、西日本連絡所責任者を兼ねている。「育てる会」が、1976年度から正式に採用試験を行って採用された3人の職員の1人である。

「主任指導員といっても今とは、だいぶ違います。1年目の1学期の初めは、土・日のみセンターに行って活動をして、あとは、東京で事務をしていました。1学期の途中から、3週間農家泊、1週間センターに泊まるようになり、私もセンターに詰めていました。調理は、専門の方が1人いました」

苦労してセンターを建設したのに、なぜ農家泊が多いのか、青木氏に確かめると、

「実は、1期生の募集も、初めは半年単位と考えていました。ところが、八坂小、中学校に話すと、『学校は、1年単位でないと教育活動がやりにくい』と言われ、1年間単位にしたのです。ところが、財政難で、八坂に派遣できる指導員は、1人です。1976年4月時点で、職員は、私を含めて5人。正直いって、子ども9人の指導を指導員が1人でするのには、不安がありました。それで、最初は、土・日のみ、センターで指導員が活動をして、平日の22日間は、農家泊ということになったのです。土・日にセンターで子どもを預かれば、受け入れ農家の休息にもなると考えました。思い出しましたが、最初は、子どもだけ預かるということは、できなかったので、八坂村の農家の方には、全員、厚生省の里親に登録してもらいました。」

1期生は、9人で、受け入れ農家は、勝野貞一郎さん・勝野喜六さん・諏訪義十さん・勝野温さん・仁科克彦さん、の5人であった。

センターの行事として、

○野外活動：大町まで歩く、野外キャンプ、曽山でスキー、自然の中で遊ぶ
○自然観察：木の実採り（桑の実、木苺など）、
○農作業：稲作、植林（センターの近く）

○村の運動会に参加、を実施している。

青木氏は、1年目は、金策に走り回って八坂に来るのは難しかったが、青木氏の意図する歩く、稲作、野外活動、の3つの活動と、センターでの集団生活や受け入れ農家での農家体験を実現されている。

青木氏は、

「1期生は、農家泊野外活動の未経験者が多く来ました。農家会合を月1回センターで開いていたのですが、受け入れ農家に、子ども達の様子を聞くと、気になる所が出てきました。例えば、食事の作法や偏食、同じ農家で暮らす山村留学生同士の人間関係、農家の父さんや母さんに対する礼儀、手伝いをしない。いじめが起こっていることもセンターの調理担当の石井さんから報告があり、農家の指導力には限界がある、と感じました。現在の農家のようには、慣れていなかったのです。『育てる会』も、農家に初めから子ども達を預けていたので、農家で起こっていることをすぐに把握できなかったのです。子どもを預かったからには、『育てる会』に責任があります。基本的生活習慣を身につける、集団生活のルールを守る、礼儀をわきまえる等センター独自の使命があることに気づきました。

このような反省を基に、1学期の途中から、センター1週間、農家3週間に切り替えました。2期、3期もこのやり方を続けました。

1期生の中1で来た男子は、2年目は親元にもどりましたが、八坂が良いといって、中3になって母親と転居してきて、八坂中学校を卒業しています。この子は、1期生の9人をまとめてくれた子どもでした。

3期生までは、テーブルと椅子で食べていたのですが、子ども達の食事する姿勢や作法を身につけるよう、座卓形式に変えました。姿勢を直す目的で座禅を取り入れました。日本の食事作法は、仏教文化から来ている、と考えたからです。また、食事の姿勢は、正座が基本と考えました。」

1期生の保護者と受け入れ農家は山村留学や山村

留学生をどう見ていただろうか

月刊誌「育てる」誌に青木氏と山本光則さんを含めた受け入れ農家と保護者の座談会が掲載されている。原文のまま、一部を採録する。（１９７６年12月号１０２号、原文でも敬称略）

受け入れ農家**勝野貞一郎**（筆者註：民宿組合長、山村留学生を受け入れるための宿泊設備の組合、現在の受け入れ農家の会会長にあたる）

「わしは、最近この学園がそうとう効果をあげ、成果がでていると考える。低学年２人を預かっているが、K君は1学期、体力的にも、精神的にも弱かった。夏休みがすぎてから気持ちのうえで、すごくたくましくなった。S君もだいぶききわけがよくなってきた。このままいけば安心だ。来た頃は、大変だった。これはもう、とてもじゃないが、やりきれないと考えた。実際に今では、可愛気が出てきて、親元にはかえしたくないような気持ちだ。」

勝野喜六「全般的にみまして、1学期と夏休みが済んだ後では、子どもは慣れてきましたね。と同時に、非常にわがままが、でてきましたね。実際にいえば、家の子どもになりきっているのだなぁと考えることもできます。ある意味では、だからいいのかも知れません。」

勝野温「……前略……おれは最近、おこるのが楽しくなっちゃって。むこうもおこられて、にこにこしているだ。だまっていると、さて何か悪いことをしたのかと考えて、おれの顔色をみている。学校で何か研究しろといわれ、星の研究をしようとしたが、雨がふっていて星が見えないので、本を見てやっている。『屋根の下で星の研究ができるか！　野沢菜でもまいて、研究しろ。』と種をまかせた。そしたら、肥料のやり方がわからない。大きな肥料のかたまりを持っていって、ドスン・ドスンと畑に投げ出した。ところが芽がでてこない。どうして、わからねぇだ。おまえ朝寝坊だからよくないだ。もっと早く起きて研究しろ、とどなってやった。」

勝野貞一郎からの提起

「受け入れ農家として、子どもを預かって、６ヶ月が過ぎたが、育てる会を通して、この学園に参加させてよかったかどうか、ということを、正直などころを、聞かせてほしい。難しいと思うけど、遠慮しないで、言ってもらいてぇだ。」

実親S「うちの子は、あの通りで、ほんとうに1学期でことわられてしまうのではないか、と思うほどでした。来年の低学年を受け入れる体制に、ご迷惑をおかけするのでは、と責任を感じております。環境の影響を強く受けているようです。少し小さかったんじゃないか、とも考えています。もう1年続けるか、あるいは、2、3年おいてからの方がいいか、会の返事をいただいて、考えたいと思います。」

実親T「まちがいなくあの子は、内面的にも外面的にも、すばらしい環境の中で、力をつけているなあと、自信をもって考えているんです。ただ、ご迷惑をかけたり、わがままをしていることに対し、親としてどの程度、手や口を出していいのやら、考えてしまいますが、子どもを信じきっています。子どものためには、何とかしてもう1年と考えるんですけれど、経済的には難しいものですから、なんとかいい方法はないかと考えます。」

実親K「大変喜んでおります。ただ、体の調子を悪くし、ご迷惑をかけていますし、はたしていいものかどうか、気にかかるんです。体も心も強くなってほしいと、願って八坂へよこしたんですが、体力がないようで、1ヶ月くらいかかる病気になったら、どうしようかと思っています。

この実親の答えを受けて

勝野貞一郎「かけひきなしに、なかなかできないことを、よくやってくれたと思う。いいのか悪いのか、不安だったが、今の話を聞いて、ほんとうに預かってよかったと思う。これからの支えとして、一生懸命やっていきたいと思う。」

勝野温「今では、ほんとうにわが子のように、かわいく思っている。やりがいのある仕事だ。東京の子どもを預かっている話を、いろいろなところでしてみたが、どこへ行っても、おめえたちは、いい仕事をしているなあ、と言われる。わしらは、この仕事を誇りに思っている。これからも、八坂へ預けてよかったと言われるよう、農家どうし、団結してがんばりたいと思う。」

座談会の一部を紹介したが、初めての山村留学を保護者も受け入れ農家も肯定的にとらえていることが分かる。

山村留学が始まり、短期山村留学の参加者もますます増加してきたので、2期（1977年）、3期（1978年）には本部に勤務する人も次第に増えていった。

※：1年間、山村に住んで村の小・中学校に通う「山村留学」が始まったので、この後は、「山村留学」は、1年間、山村に住んで通学すること、「短期山村留学」は、夏・冬・春休みに行う4泊5日くらいの活動を示す。

九、借金地獄

（1）山村留学は、無くなる？

しかし、借入金返済の本当の苦しみは、1年間の山村留学が開始されてからであった。

山村留学や短期山村留学の参加者は増加していたが、センター建設時の借入金の返済は、ほとんど進んでいなかった。

4期の保護者会会長**野坂喜一さん**は、1977〜81年（2〜6期）に二男・三男を八坂学園へ山村留学に出している。1978年の12月のある日、八坂のセンターに行くと、山村留学生が深刻な表情で「育てる会は、つぶれるかもしれない。」とヒソヒソ話をしているのが、偶然耳に入った。驚いた野坂さんは、翌年1月に、青木氏に「何か、困っているのではないか」と声をかけた。青木氏は初めて、「育てる会」の経済状況を野坂さんに話した。野坂さんから、「保護者にも実情を話した方がよい」、と助言され、つつみ隠さず保護者全体に話した。現状を知った、山村留学生の保護者達は、「子どもを育てる会に預けるだけではなく、保護者として、できるだけのことを、育てる会に対してやろうではないか」という声が出てきた。

（2）山村留学は、将来必ず伸びる

野坂さんは、

①青木先生と「育てる会」の掲げた理想は、全国

初の1年間農山村に暮らして、学校に通うという〝体験教育〟である。
②1970年代には、廃れつつあった子どもの中の縦割り集団の体験ができる。
③親から離れ他人のめしを喰わせる。
という3つの面で出色の農家宿泊をまじえた自然を体験する野外活動は、必ず、社会に認められる、と考えた。

(3) 今後の具体的な返済計画

野坂さんは、会社経営の経験を元に山村留学事業の経営診断書と返済計画を立て、青木氏に示した。
①当面の延滞利子をとにかく支払う。そのためにまとまった資金を急ぎ調達する。合わせて当面の運営資金を集める。
②農協の借金の利子を下げる。
③夏・冬・春の短期活動の参加者を毎年合計600名以上確保し、その純益を返済金にあてる。
④当分の間、短期活動のリーダーは、無報酬・ボランティアで引き受けてもらう。
⑤国からの補助金を引き出す努力をする。
⑥東京の事務所は家賃月1万円の所に引っ越す
⑦職員は1人採用
※∵1年間の山村留学生が支払う費用は、センター運営(食費・光熱費など)と受け入れ農家と指導員の給料の一部に全額使われるため、借金返済には、回せない。

(4) 返済が進む

野坂さんが立てた計画に基づいて借入金返済は進められた。
その後の返済を簡潔に述べると次のようになる。
①青木氏が自宅を売却して資金を作る。
②青木氏の決意を知って、野坂喜一さんのリーダーシップの下に、山村留学生保護者複数が、延滞利子と、当面の運営資金を調達。これを、返済期限無し、無利子の条件で青木氏へ融資した。さらに、山村留学生保護者が、農協と交渉して、利子を下げることを実現した。
③1983年八坂8期の時、55歳で「育てる会」の職員になった児玉章さんの知人にM銀行の支店長Yさんがおられた。交渉して、借

金を農協からM銀行に肩代わりしてもらい、

農協へ借入金と延滞利子を全額返済した。

1985年3月のことである。M銀行の利子も低くしてもらった。

その後、M銀行へ順調に返済していき、2000年頃にようやく完済された。

順調に返済できたのは、

ア、夏・冬・春の短期山村留学に参加者が毎年多く参加して余剰金が生み出された。

イ、短期行事リーダーの無償ボランティア、

ウ、指導員に全国青年奉仕会から派遣されて来た人を当てる。

エ、1990年代自治体からの委託費の増額、

オ、センター経費節減等の努力の結果だった。

野坂さんのインタビューをした時、

「私一人ではなく、本当に多くの方々が、『育てる会』をバックアップしてくれ、協力してくれました。だから、今日の『育てる会』があるのです」

と語られた。周りの人々を立てて語られたのが印象に残っている。

児玉章さんは、それから20余年にわたり、青木孝安氏の良きパートナーを務められる。新規学園の開設準備、八坂学園の責任者、後に結成される全国山村留学協会（略称：山留協）の事務局長、そして山留協のNPO法人化に尽力された。

青木氏は語る

「この苦難を乗り越えてから、逃げの姿勢をとらなくなりました。経理の支出の権限を、私が持ちました。今思うと、自力でできるのに、経理は苦手と思い込んで、他人に頼ろうとしたことが借入金をさらに増やすことになりました。

1986年に、児玉章さんと同じ教会におられた高瀬裕也さんを経理担当者として迎えました。

ここまで、頑張れたのは、教職を辞め、始めた事業なので、簡単には投げ出せなかったからです。山村留学生が自分で決めてやって来ると、途中でやめて帰れない、という心境に共通するものがありました。

しかし、借金返済のメドが立つまでは崖っぷちに立たされ、〝孤独〟でした。最後は、自分一人で責任を取らなければならないのですから。」

長男・厚志さんが、高校2年生か3年生の頃、夜遅く帰宅すると、「台所の暗い所で、ひっそりと酒を飲んでいるおやじの背中を見ましたよ。」と話された。

いったいどれだけ返済したのか。

建設費、利子、厨房機器、備品、設計変更、運営費等で総計数千万円を返済したことになる。勿論、保護者が提供してくれた資金も完済された。

「育てる会」の借入金を書いたのは、

青木氏の人柄のおかげで、いろんな人から援助してもらえたこと、青木氏が借入金を完済した誠実さと粘り、そして青木氏の教育理念が、他の山村留学地と大きな違いをみせ、山村留学の実践に一本骨が通っている、と考えるからだ。

苦難は、人間を鍛えるというが、青木氏には、苦難による、性格のけわしさは全くない。人間としての大きさと暖かさを感じる。青木氏は苦難を自分の人格を磨くことに置き換えたのだ。これは野坂喜一さんも同意見だった。

この稿を終わるに当たって、「育てる会」の山村留学継続のために苦労された**勝野喜六さん**は、

「山村留学は、田舎の子どもと都会の子どもが触れ合う最高の機会です。私の子どもを含め、田舎の子どもが、都会の子どもの家に泊まりに行く。都会の子どもも里親の家に大きくなってから泊まりに来るというのは、素晴らしいことです。学校でも、勉強について、田舎の子どもと都会の子どもが刺激し会って、良いものがあったと思います。だから、青木先生が山村留学を始められたことは、高く評価しますよ。」、と語られた。

※：勝野喜六さんは2014年に逝去された。謹んで御冥福を祈る。生前に、この本をご覧になっていただきたかった。私の力量不足を思う。

十、注目された1年間山村留学

私が2003年から「育てる会」山村留学生の修園生とその保護者のインタビューで、「どこで、山村留学を知りましたか」という質問に対して、「朝日新聞の家庭欄の記事です」という答えが多い。その記事を探して読んでみた。多分、家庭欄の3分の1を占めると思われる枠内に写真入りで書かれていた。1976年3月19日付けだ。1年間の山村留学が始まる2週間前である。P104、105にその記事を載せている。

この記事には、山村留学の教育理念を考える上で重要な示唆を与えてくれる。

校長先生の肩書きに、八坂第一小学校とある。この当時、八坂村には、二つの小学校があり、児童数が不足して、廃校とか複式学級の心配はなかったのだ。当時は、第一小学校だけで、百余名いたという。八坂村の山村留学は、過疎対策ではなく、純粋に子どもの教育を行う一つの方法として始まっていることがわかる。

1976年3月21日（日）朝日新聞『天声人語』に、次のように取り上げられた。

東京の子を長野の山村の小学校に一年間「留学」させるという話がある。東京に本拠をおく「育てる会」の計画で、北アルプスの見える山村に都会っ子を放り出し、自然そのものを体験させるのが目的だという▼留学がきまった子はまだ四人だが、二、三十人までは受け入れる用意があるそうだ。子どもたちは、農家に寄宿し、四キロの道を歩いて学校に通い、ニワトリの世話をし、山菜をとり、川で泳ぎ、ウサギを狩り、小刀で遊び道具をつくり、村びとたちの四季の行事に参加する。そういう体験に根ざして身につくものこそが本当の学力だ、というのが指導者の持論らしい。過疎に苦しむ村は学校の児童がふえることを歓迎している。おもしろい試みだと思う▼最近、都会っ子の間で、奇妙な「遊び」がはやっているという報告がある。カブト虫の幼虫をナイフできりきざむ。トンボに花火をくりつけ、火をつけて飛ばす。金魚をはさみでまっぷたつに切る。トカゲかなにかに油をぬり、火をつけて殺す。こういった行為には、まるで、生命のない物体を切断し、変形させる時のような冷たさがあって、それだけにいっそう残虐に思える▼都会から消えつつあるのは鳥やトンボだけではない。もっと恐いのは、生命あるものへのやさしさが子どもの心から失われつつあることだろう▼日本文化の中には「自然性の原理」がある、といった哲学者がいた。私たちの血には、とりわけ、自然に回帰したい、自然にとけこみたい、という情念が流れこんでいるように思える。自然暦や歳時記をよりどころにする生き方にもそれは表れている。子どもたちの残虐な行為は、自然を、命の糧とする民族の血が、自然をたちきられた時に起こす、無意識のヒステリー症状であるともうけとれる▼昔は都会の学校の周辺にも、裏山があり小川や池があった。今はない。だから都会を離脱し、山村に留学させるという発想が生まれるのだろう。しかし留学できる子は少数派だ。大半の子のために、離脱しなくても自然体験させるてだてはないのか。

天声人語氏が、1年間の山村留学が始まる前から、「留学できるのは、少数派である」と見抜いているのはさすがである。山村留学が始まってから10年間くらいは、保証金・毎月の経費・1年間八坂に通う保護者の交通費と宿泊費を考えると、かなり経済的な余裕がないと、山村留学には出せない。

39年経って、全国に広がったが、山村留学の体験者は少ない。(「NPO法人・全国山村留学協会」の全国調査によると、2013年度で1年間の山村留学体験者は累計18067人、実数で複数年経験者を除くと10816人だ。)

山村留学を農山漁村で始めようとした人々に「日本農業新聞」の果たした役割は大きい。恥ずかしいが、都市住まいの私は、この新聞を全く知らなかった。各地の山村留学をインタビューした時、「どこ

自然こそ真の教師

農家から地元の学校へ

東京→長野

東京の子どもたちが新学期から一年間、長野県北安曇郡八坂村の小学校へ転校する。親から離れて地元の農家に寄宿し、北アルプスをのぞむ山村の中で過ごそうというもの。同村を拠点に七年間、「自然体験の深化と拡張、それに基づく知識と行動力こそ真の学力」という主張を掲げてユニークな教育実践活動を続けている元教師らの教育団体「育てる会」の計画だ。進学競争のドロ沼から生まれた越境入学とは一味違った〝越境入学〟だ。

同村は国鉄大糸線信濃大町駅から東へ十キロほどはいった、人口二千人足らずの過疎の山村。日本列島を縦断する大断層地帯のフォッサマグナが同村を走っていることから貝やサカナの化石が豊富で、高山植物も多い。古代の住居跡、土器などの出土品が今でもあり、教材性に富んでいることから「育てる会」が活動の拠点に選んだ所だ。

同会の理事長青木孝安さん(65)は十八年間、都内の小学校の教師をしていたが、組織や規則にがらめどられた現在の学校教育だけでは、目ざす教育は不可能と退職した。教室内での情報の詰め込みだけでは本当の認識は生まれない、基本的認識は体験に根ざさないと生まれず、それが本当の学力だ、というのが青木さんの持論。体験には自然が必要で学校外の社会教育に目をつけた。

が計画し画一的な指導をしてきた。ここまで延れてきて、ころしろ、あおしろと都会的管理体制をむき出す必要があるだろうか。子どもたちをほうり出せ。リーダーは子ど

に留学

話し合う地元の宮島重臣

曇郡八坂第一小学校で

てきたころ、同会の指導者である現場の教師たちとの反省会の場で「これまではつりをしたり化石採集をしても、リーダーの教師たち

は学校ー社会ー家庭教育の一体となった協力が必要で、学校の休みの時に八坂村へ行くだけでなく、農家の家庭にはいり、少なくとも

すけるのにふさわしい農家も確保し、三者の受け入れ体制作りに力をいれてきた。同村の宮島重臣八坂第一小学校長は「地元の子どもたちにもいい刺激になると思います。この村の子になりきってもらい、こちらは都会のマンモス校にはない小規模校の特徴を生かした教育を味わわせたい。たなばたやおひな祭りも全校生徒が参加し、そうじ当番なども上級生が下級生を教えるタテ割りのグループ別に

つの実験教育と受けとめ、結果をみようという態度。とくに適正生徒数が確保できる点に魅力を感じているようだ。同第一小学校の場合、現在の児童数は一学年一学級で百五人。今春には十人減り、このまま減っていけば複式学級になる恐れがある。「五十五年には児童数は五十人台になってしまう。現在の一学級十人台は少なく、長野県では三十人ぐらいが適正規模とされているので、都会の子たちの転校により刺激され授業も活発になるのでは」と吉原勇一郎同村教育長。

受け入れる農家の一人、同村の勝野晋六さん(50)も「いわゆる勉強も家庭でみてくれといわれると不安はあるが、子どもの性格面では自信がある。朝晩のニワトリの世話もし、学校まで四キロも五キロも歩いてもらう。自分の子には私も面倒がって出来なかったしつけも考えたい。親というものは自分の子どもが大きくなると、反省がありもう一度子どもを育てたいと思うものですよ」と縁先で話していた。

〃すでに四人決定

育てる会の今回の計画を聞い

※：〜〜〜 は筆者

都会っ子、山村

家庭

七年前から活動

青木さんや、共鳴する教師たちは中古車の販売などで資金を作り、八坂村を拠点に七年前から活動を始めた。最初のころは夏休みに都会っ子たち二十数人を同村の農家に分宿させ、八方尾根登山、木崎湖での水泳、川原でのつりやはんごうすいさん、農家の仕事を手伝ったりした。このほか化石採集、古代住居の復元、参加する会員がふえるにつれ夏の計画以外に、春の山菜とりや冬のスキー教室などもふやしてきた。

しかし、会員数も二千人を超え

もの個性に合った活動の場をつくり、あとで危険のないように見守っていることでいいのではないか」という意見が出た。「考えてみると自然と子どもたちの間に教師がはいりこんでいた。子どもたちを自由にさせることで、自分たちの課題を持つようになった。ここで基本的体験―知識以外に子どもの個性に合った個性的体験―課題が生まれるのでは」と青木さん。

四季を体験して

学校外の個人によって違う体験こそが重要で、自然が子どもたちに問いかけ、そこから個別指導がスタートする、個人の適性や能力を引き出せるというもの。それに一年間、四季を体験させようという今回の計画が出来た。

同会は昨年、工費約二億円で同村の高台に鉄筋三階建の野外活動センターを造り、社会教育の拠点にしていた。学校教育では地元の八坂村教育委員会、同村立小学校の賛成を得た。受け入れ先の農家では過去七年間の体験から、都会の子どもを長期間、家族同様にあ

しています。たとえばワラジを作ったり小刀を使った遊具作りも体験させたい。都会の子はおもちゃなんか、すぐお金で解決してしまうでしょう」という。

地元にもプラス

同村教委側では「単なる健康学園計画でないのならば」と原則的には賛成し、今春から一年間、一

東京の小学生を受け入れる準備について話
校長（右）と青木孝安さん　＝長野県北安

て、今のところ八人が参加を希望し、親との面接などから四人の参加が決まっている。そのうちの一人、大田区南馬込の都庁職員河原武敏さん(四三)は、「育てる会の夏の行事に参加した長男（小学四年生）が、この話を聞いて自分から参加したいというのですよ。一人っ子で引っ込み思案のこの子がと思いました。親が死ねば頼れるのは自分だけだから、一人でもやっていける行動力や判断力を身につけてほしいと思っていた矢先でしたから賛成しました。親は子に金や物を残すより、いろいろな体験をさせる方が財産になると思いまして」と不安はなさそうだ。

中学にも広げる

同会では、今月中には送り先の学校、教育委員会の了解を得て、受け入れる農家と同会が子どもの身元引受人になり、子どもの転出手続きをすませる予定。将来は中学校にも輪を広げたい意向だ。

「育てる会」の連絡先は東京都新宿区神楽坂六ノ三五ノ一、電話〇三―267―二五一一。

朝日新聞（1976年3月19日）

で山村留学を知りましたか」という質問に各地の山村留学を興した人がこの新聞の名前を挙げられた。全国の村が、学校がなくなるかもしれないと思い悩んでいた時に、この新聞が、〃山村留学〃を取り上げ、記事として掲載され、それを読んだ農山漁村の人々が、〃山村留学〃を知ることになる。また、1984年8月21日日本農業新聞「この人」の欄に青木孝安氏が取り上げられている。

十一、広がる山村留学

(1) 山村留学の全国展開

八坂村に創設された山村留学は、5年目の1980年から、他の町村にも開設されるようになる。

青木氏は語る。「山村留学の定式化というが、30年実践してみて、山村留学とはこういうものだ、と分かってきたのはようやく最近です。取りくみ出した時は運営していくのに必死だった。良い教育方法だと思ったら、どんどん取り入れてほしかった。山村留学の名称を独占するようなことはしたくなかった」

山村留学を実施する自治体は増加し、山村留学生も増えていった。

自治体数は、平成の大合併で減少しているので、数字のみで増減を判断するのは難しい。

（財）育てる会発行の2006、2013年版全国の山村留学実態調査報告書によると、1976年から2006年の間に山村留学を中止した自治体は、87ある。

これらの統計から見ると、中止した所も含めて全国の200余自治体が山村留学を実施したことになる。

1976年	長野県八坂村、日本初
1980年	長野県平谷村
1982年	和歌山県かつらぎ町 西日本で初めて
1983年	長野県売木村
	長野県浪合村（現阿智村）
	兵庫県波賀町（現宍粟市）

（「2001年度全国の山村留学実施状況調査報告書」p.77～96　財団法人育てる会発行より）

年	自治体数	山村留学生人数	
1976年	1	9名	
1986年	21	239名	
1996年	82	683名	
2000年	118	811名	自治体数最多
2004年	114	866名	山村留学生最多
2006年	103	806名	
2010年	77	522名	
2013年	68	557名	
2014年	64	488名	

（2）山村留学の多様性

全国に山村留学は広がって行ったが、全国の山村留学地をインタビューすると、独自の考えで始めた所もあるが、「廃校にしたくない」、という切羽詰まった危機感が山村留学を始めた動機になっている所が多いため、青木孝安氏の教育理念と併用式は広く浸透しなかった。

1980年以後、全国の山村留学は、次のような形で始められていく。

①併用式：一ヶ月の半分をセンターで、半分を受け入れ農家・里親で暮らす。

②センター方式：1年間センターで暮らす。

③里親方式：1年間里親で暮らす。

④家族留学：1989年に北海道の新十津川町が始めた家族で町村に移住するという形が出現する。

山村留学の立地する地域の共通点としては、

①町村の中心部から10㎞以上離れている。

②まとまった軒数が集落を形成する。

③簡易郵便局・駐在所・農協支所等の公的機関が2つはある地域が多い。

（3）和歌山県かつらぎ町新城小学校の場合

ここで、西日本で山村留学が広がるきっかけとなった和歌山県かつらぎ町新城小学校（高野山の麓）の開設の様子を取り上げる。私は、全国を調査して見て山村留学が全国に広がる際に、「育てる会」と新城地区の果たした役割が大きい、と考えている。なぜなら、全国の山村留学地を訪問した時に、「育てる会」または「新城地区」を見学に行ったと聞くことが多かったからである。

新城小学校の山村留学は、八坂村で山村留学が始まってから6年後の1982年に開設された。西日本では最初の山村留学であり、全国でも3番目に開設された。里親方式で始められた。

新城小学校の山村留学開設の原動力になった浦正造さんに話を聞いた。2006年1月29日〜30日にかけて約10時間にわたるインタビューだった。

浦　正造さんは、84歳、たいへん壮健な方で、太平洋戦争時のラバウル航空隊で生き残られた方である。話し方も迫力があり、とても闊達で、魅力ある人だ。山村留学を西日本で広げた功績は、評価される。

新城小学校は、1877年（明治10）に創立され、129年の歴史がある。百名近い在校生がいたが、1981年から、急に減少しはじめ、5名の児童数になった。1986年には、児童数0になる予測が出てきて廃校の運命にあった。学校は、児童の教育の場であるが、地区の集会所になっていて、地区の精神的支柱であり、廃校は、集落の死滅を意味すると浦さんは、考えた。

「地区住民は、廃校になってしまうことを知っているのだろうか、児童数の推移の予測を知らせなければ、と思った。そして、地区住民と一緒に廃校をくい止めるてだてを考えなければならない。

ちょうど、その頃、日本農業新聞に、『山村留学』の記事が掲載されていた。過疎地へ、自然を楽しむために、都市の子ども達がやって来る、と言う主旨の記事だったと思う。」

浦さんは、その時、地区自治会長をしていたので、区民総会を開催。児童数の予測、廃校の危機、廃校を避けるための山村留学の記事のこと、人口は、一朝一夕には、解決しないことを説明した。「とりあえず、現地へ調査に行ってこい」と言われ、全国で2番目に開かれた長野県平谷村へ見学に行った。帰村後、地区住民に報告した。

熱く意見が交わされ、とにかくやってみよう、という結論になった。浦さんを初めとする里親も複数軒決まった。ところが、山村留学に行きます、という反応が全くない。思い余って、大阪市内の母子寮を探して、訪問し、かつらぎ町に来ませんか、と訴えたが、さっぱりだめだった。

そのことが、「地域住民が、地域のシンボルとしての小学校を守ろうとして苦慮している」という内容で、新聞に大きく取り上げられた。その記事を読んだＮＨＫ東京のディレクターが連絡してきた。ディレクターは『新日本紀行』を担当しておられた。ところが、話しているうちに、番組で取り上げるには、80戸の何もないところはできない、特色のある郷土芸能か踊りがないとだめだと言われた。せっかく、関心を持ってくれたのに、できないと言われても引き下がれなかった。国民のための放送をするのが、ＮＨＫの役割ではないか、と猛然と食い下がり、繰り返し働きかけた。

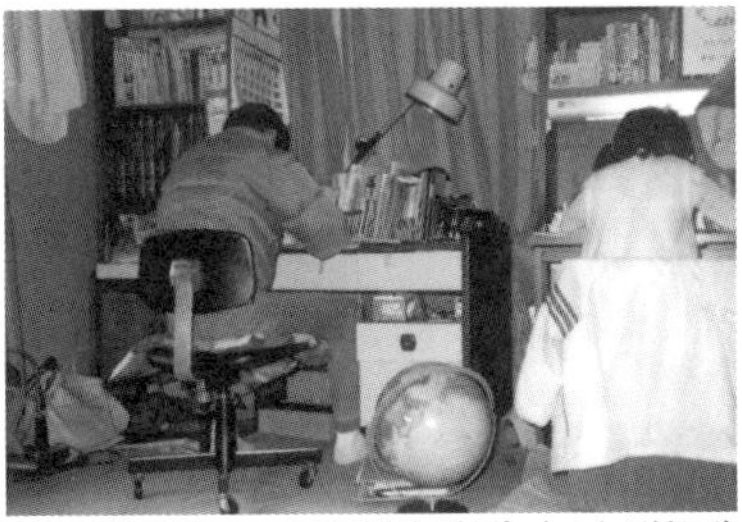
農家で学習する山村留学生（八坂学園）

　根負けしたディレクターは、「それほどおっしゃるなら、まず、私が集落を訪ねて行きます。」と言われ、１９８１年の10月か11月に来られた。ディレクター、当時の校長先生、浦さんの３人で懇談をした。

「ディレクターは、『名所もないし、郷土芸能もない所を45分の番組はつくれないし、放送できない』『学校を守るということだけでは、番組は作れない』という返答でした。ここから、ラバウル航空隊生き残りの根性を発揮しました。『ＮＨＫは、公共放送でしょう。視聴料を取って運営されているのがＮＨＫでしょう。民放なら、コマーシャル料を取って放送しているのだから、何も無い所は、放送できないというのは理解できる。学校が無くなることを心配している地域住民の思いを放送するのも公共放送の使命ではないのですか。郷土芸能だけを放送していればいいと言うわけではないでしょう。』と主張しました。

　ついに、ディレクターは、取材をする決意をしてくれた。１９８１年12月、スタッフを連れて再び新城に来て、２週間撮影、取材されました。１９８２年１月20日夜10時から、45分間『新日本紀行・峠の向こうの小学校』というタイトルで放映されました。ディレクターは、『小さい集落を宣伝するために来たのではない。1月20日の放映が、光るためにその後の反響をみてほしい』とおっしゃった。

その後の凄まじい反響、北海道から沖縄まで、2、3日、浦さん宅の電話は、鳴り続けました。300件以上はありました。浦さんの電話番号は、番組の中では言ってない。NHKに問い合わせてから、浦さん宅に電話してきたようだ。

「『その気があるなら、現地を見に来てほしい』と答え、実際に、60組の方が見学に来ました。面接をして、その結果、関西地区から6名、関東地区からは6名の受け入れを通知しました。里親の数が足りなくなって、説得をし、新たに里親になってもらったり、テンヤワンヤでした。集落のほとんどの人々は、山村留学を支持してくれましたが、地元の児童4名に対して都会からの子12名は、『軒を貸して、母屋を取られることになりはしないか』、という意見も出てきました。」

このようにして始まったかつらぎ町の山村留学は、自分たちの小学校を守ることが第一の目的になっている。浦さんは、話の中で、「過疎対策として、手っ取り早い取り組みで、以後、山村留学は、次々に西日本に広まっていった」とおっしゃる。新城小学校の山村留学10周年記念誌を読むと、50近い地方自治体・住民団体が視察に来られている。その影響力の大きさには目を見張る。

この10年間、北海道から沖縄までの山村留学地を訪問して、お話を聞くと、「育てる会」がやっている併用式は、「育てる会」が、関係する6つの山村留学地が中心で、他に1団体計7つの山村留学地しか行っていない。

里親宅で山村留学生を預かる型は、学校と話し合い、里親を引き受けてもらえる農家を確保すれば、翌年からでも山村留学を始められる。併用式は、まず、センターを建てる建設資金が、最低でも5千万円、まず1億円は必要だ。そして維持費がいる。センターで常勤する指導員を確保し、里親を引き受けてもらえる農家を見つけないといけない。資金・時間・手間がかかるので、来年から即開始というわけにはいかない。3年間くらいの準備期間が必要である。

かつらぎ町の場合、切羽詰まっていたので、一番早く開設できる里親で預かる型を選択されたのはやむを得ない、と思う。だが、かつらぎ町新城小学校と浦正造さんのその後の影響・果たした役割からみるならば、併用式をやってほしかった、と思う。「育てる会」の八坂学園を最初に見学されていたら、と考える。もし、かつらぎ町で、併用式が実施されていたら、全国の山村留学の形も変わっていたのではないだろうか。（現在、新城小学校は廃校になり、山村留学は廃止されている）

十二、「育てる会」の発展

新しい学園開設

「育てる会」の東京本部には、50を超える自治体が相談に訪れている。

育てる会は、借入金返済の見通しが立つと、自治体の要望に応え、その自治体が山村留学に適した環境かどうかを調査し、報告書を自治体に出した。その結果、11自治体が「育てる会」の山村留学を実施

1983年（昭58）	○長野県売木村	（2014年31期）
	長野県浪合村	（1991年撤退、9期）
1985年（昭60）	愛知県富山村	（1990年撤退、6期）
1987年（昭62）	新潟県松之山町	（1999年撤退、13期）
	長野県北相木村	（2009年撤退、23期）
1992年（平4）	○長野県美麻村	（2014年23期、現大町市）
1993年（平5）	秋田県合川町	（2007年撤退、14期）
1997年（平9）	○長野県大岡村	（2014年18期、現長野市）
2004年（平16）	○島根県大田市	（2014年11期）
2007年（平19）	○兵庫県神河町	（2014年8期）
2010年（平22）	○高知県大川村	（2014年5期）

した。

現在は、○印の6自治体と大町市八坂の計7学園を運営または指導員を派遣している。

一つの民間教育団体が、山村留学の7つの学園を運営したり、関わることは、青木孝安氏の教育理念と山村留学の実践内容がいかに多くの保護者や自治体関係者及び地域の人々に支持されていたかが分かる。

育てる会の旗

山村留学生の保護者・工業デザイナー
宮川清さんの製作　1982年
緑色：自然
A：宇宙　B：地域　C：子ども
宇宙船地球号の大地にしっかり足をすえ、広い宇宙に向かって自由にのびのびと個性・特性の光を放ってほしい。
写真提供：育てる会

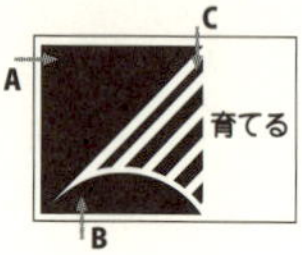

十三、中教審が山村留学を評価した

（1）周りは知らない

私の子どもが、長野県八坂村の山村留学に参加したのは、１９９８年4月である。この時、私は、何も言われなかったが、妻は、近所の方から、「私は、自分の子どもをそんな遠い所に手放せないわ」「子育て放棄とちがうの」と言われた。

山村留学生の保護者にインタビューしても、同様に周囲から批判されている。それぐらい、山村留学の認知度はまだ低くて、１９８３年に起こった戸塚ヨットスクール事件を連想して、とんでもないことをする親だ、と思われていたようだ。

（2）中央教育審議会答申

１９９８年6月、初めて文部科学省が、山村留学は児童・生徒を育成する教育手段として、効果がある、と積極的に評価した。

中教審答申は、『山村留学』について、次のように述べている。

―長期の自然体験活動を振興する際、夏休み等におけるプログラムの提供のみならず、もっと長い期間にわたる体験の機会を容易にすることも積極的に進めていくべきである。

都市部の子どもたちが、親元を離れ、山村など自然環境の豊かな地域で暮らしながら、その地の学校に通学したり、自然体験や勤労体験など様々な体験活動をしたりする「山村留学」は、意義あるものと考える。これまで、「山村留学」は、徐々に募集校・参加者の数を増やしてきたが、広がりがあるとは言い難い。（資料3―4）

「山村留学」の取り組みを一層進めるため、今後、受け入れ側では、単なる過疎地の零細校対策としてではなく、町や村をあげて中長期的な展望を持って事業に取り組んでいくことが必要である。例えば、生活面の指導者の確保、宿泊設備の整備や「里親」の確保、情報提供などが強く求められる。

また、「山村留学」では、「里親」が子どもを預かる場合も少なくない。異なった家庭の中で、親とは違った視点から適切なしつけを受けたり、農業や家事を手伝ったりする経験を通じて、子どもは、家族との触れ合いの意味を改めて考え、自立心を身に付けていくことが期待される。将来的には、「山村留学」とは別に、期間の長短を問わず、国内で異なった家庭で過ごす体験をする「国内ホームスティ」の取組を広げていくことも望まれる。子どもを送り出す家庭と受け入れる家庭の仲立ちをするなどのシステムについては、今後の研究課題の一つと考える。―

……後略……

中教審答申が山村留学を取り上げたことは、大きな前進だった。

青木氏は、「1999年の頃から、ようやく国が、山村留学について、理解してくれるようになった。ここまで、20余年かかった」と感慨深げに話された。

十四、「育てる会」の今後の方向

青木孝安氏は、84歳になった。

今年（2014年）、『育てる会』は、公益財団法人となり、人事や組織を新たにした。青木孝安氏は、理事長をやめ会長になった。

山村留学をこれから継続し発展していく上で青木孝安氏にとって良かったことは、後継者に恵まれたことである。全国の山村留学地を訪問すると、山村留学推進協議会の会長や山村留学生が泊まるセンターの責任者が2代目、3代目という所もあるが、多くの所で後継者に苦労しておられる。

育てる会の最高責任者の代表理事には、青木厚志さんが就任した。厚志さんは、青木孝安氏の長男で、大学卒業後、他で働いていたが、1990年「育てる会」に転職した。現在、56歳である。

次の「育てる会」を担う青木厚志代表理事に話を聞いた。

「教育理念」

創始者が確立した山村留学の教育理念『自然の中で、子どもが暮らすことにより、子どもが持つ力を子ども自らが育てる』『自然と社会と他人を愛し、それぞれの目的を持って嬉々として生きている子どもを育てる』は、当然継承していきます。

日本人のアイデンティティの基礎を根付かせる

これからの若者にとって大切なことは、日本人のアイデンティティ（日本人としての特性※1）を持つことだと思います。そのアイデンティティのFactor（要素）は、現在、中山間地といわれる農山漁村に残っていると考えています。山村留学は、まさに、その中山間地で行われています。山村留学の果たす役割の一つは、児童・生徒の心の中に日本人のアイデンティティの基礎を根付かせることだと考えています。

今後の具体的活動方向

①稲作農耕民族と国際交流をしたい。具体的には、東アジアや東南アジアの国々との相互交流で、すでに2009年から開始しています。韓国・タイ・ベトナムから高校生・大学生が長野県

1年間の山村留学が軌道に乗り出した頃の青木孝安氏、子どもたちに熱く語る(1981 年)

大町市八坂に来ました。こちらからも修園生を含む高校生・大学生が訪問しています。これからは、カンボジアも考えています。

②国内では、山村留学を広げて行くために、自治体からの要請があれば、実地調査の費用を予算化していただいて、調査を行い、山村留学としてのフィールド、農村文化の有無を見極めて考えたいと思います。実際、この2、3年でも6町村から問い合わせがありました。

③山村留学生の人数は、2004年の866人をピークに減少傾向ですが、日本全体の児童・生徒数が減少し、経済的にもきびしいことが反映しているのかもしれません。

④NPO全国山村留学協会（略称：山留協）への加盟団体数については、いろいろ考えています。山留協主催の地方別山村留学関係者研修会は、2007年から九州・中国・四国・近畿・中部地方と8回実施してきました。今後、関東・東北・北海道でも開催できるように努力したいと思います。」

私の肩に……

私が青木厚志代表理事と数年前に話した時、「私の肩には、育てる会で働いている30人の生活がかかっているのです」の言葉が印象に残っている。結婚し、子どもを育てている職員の家族の人数を入れると、50人にはなる。青木孝安氏が最も苦慮したことの一つに、指導員の給料保障があった。財政難のため、十分な給料を支給できなかったため、力量ある指導員も何年かするとやめていった。1期から続けて勤務しているのは山本光則さんだけである。指導員の生活保障は、全国のセンター方式の所で勤務するセンター責任者・指導員に共通する悩みだ。自治体職員の身分があってセンターの所長・職員をされている以外の指導員は、結婚して、子どもができると、ほとんどの方々は生活していけない。

青木厚志代表理事が、職員の生活を保障することに心血を注ぐのは当然だ。山村留学の理想を追いかけても、霞を食って生きて行くことはできない。暮らせることも大切なことである。

再び、青木厚志代表理事の話

育てる会の今後について

『育てる会』は、山村留学を日本国内に広げる教育運動として取り組んで来ました。その初心を忘れずに今後も努力して行きたい、と考えています。

本部は当面、東京に存続させますが、通信手段の発達からみて、将来は、長野県大町市八坂や同県富士見町に移すことも考えています。

人材の面では、うれしいことに30代、40代、50代、60代にそれぞれ力量を持った人がいるので、これからは20代の人を育てていく必要があると考えています。指導員のモチベーションを高め、維持する具体的な方策を今まで同様実施していくつもりです。

これから、山村留学に子どもを出そうと考えている保護者の皆さんに理解していただきたいことがあります。

最近では、『いじめ』や『不登校』などの問題を抱えた子ども達の〝駆け込み寺〟として『山村留学』を見ている方が増えてきました。はっきり申し上げて、それは、全くの誤解です。私達が取り組んでいる『山村留学』には、独自の教育プログラムがあり、きちんとした目的があります。

その目的とは、農山村での暮らしを通じた実体験を積むことで、日本人が有史以来、連綿として受け継いできた日本人のアイデンティティを体得することです。

もちろん、問題に直面した子ども達やその保護者からのご相談には真剣に向き合いますが、単に現状から逃げ出すためだけのご希望はお断りしています。」

※1：青木厚志代表理事は、日本人のアイデンティティ（日本人の特性）を次のように考えておられる。
稲作農耕民族として、
一、稲作をすることによって
自然に対する畏敬の念
二、集団労働体験から培われた
協調性　和　勤勉
三、農業労働からつかんだ暮らしの知恵

2015年、「育てる会」は信濃毎日新聞に山村留学の功績を認められて、「信毎賞」を受賞した。

第22回信毎賞に1氏2団体

信州発 挑戦の軌跡

信毎賞正賞 ブロンズ像

耀《かがや》く

（台座を含む高さ52センチ、重さ約7キロ）

諏訪市出身で東京芸大卒の彫刻家、細川宗英氏に制作を委嘱。細川氏は新制作協会会員として高村光太郎賞、中原悌二郎賞などを受賞、日本彫刻界で指導的な役割を果たした。1994年死去。「耀《かがや》く」が最後の作品となった。

大町市八坂で長期山村留学の場40年目

公益財団法人 育《そだ》てる会《かい》

学校から戻った子どもたちに声を掛ける「育てる会」代表理事の青木厚志さん（右端）＝5月22日、大町市八坂のやまなみ山荘

そだてるかい 都内の教師や保護者らが1968（昭和43）年に結成。2014年に公益財団法人化。本部は東京都武蔵野市。69年に大町市八坂（旧北安曇郡八坂村）で夏休み期間中などの短期山村留学を開始。八坂に集団生活の場となる「やまなみ山荘」を建設し、76年に1年単位の長期山村留学を始めた。長野市大岡、下伊那郡売木村、島根県、兵庫県、高知県にも指導員を派遣している。

農村文化 子どもたちに

1976（昭和51）年に始まった大町市八坂（旧北安曇郡八坂村）での1年間を単位とする長期山村留学は、40年目の節目を迎えた。

八坂には、子どもたちが共同生活する「やまなみ山荘」がある。大町市八坂小学校、八坂中学校と、隣接地の美麻にある美麻小中学校に通う小2から中3までの31人が、指導員7人と暮らす。台湾と上海出身の小学生もいる。

男女別の大部屋での集団生活。食事は調理師が作るが、掃除、洗濯などは全て子どもたちだけで行う。代々の子どもたちが決めてきたルールによって、テレビも携帯電話もゲームも漫画もない生活だ。

子どもたちは、月の半分は地元の農家にホームステイし、家事や農作業などを手伝う。育てる会の青木厚志代表理事(56)＝東京都＝は「農村文化に根付いた体験が子どもたちには必要」といい、その理念を実践するためだ。

育てる会は青木代表理事の父で現在は会長の孝安さん(84)が都内で教師をしていた68年、教師仲間や保護者らと結成。公害が進む環境の中で受験勉強に追われる子どもたちに農村文化を体験させる場を、八坂に求めた。

孝安さんは松本市出身で、長野師範学校（現信州大教育学部）を卒業後、県内の小学校で教えた。その時出会った子どもたちの生き生きとした様子が、山村留学の原点にある。

やまなみ山荘の指導員の一人、邑上貴厚さん(24)＝神奈川県茅ケ崎市出身＝は、自身も小4～6年まで山村留学生として美麻小学校に通った。「地域の人たちの誰もが僕のことを知っている。そんな繋がりと温かさによって、ここが古里になった」。指導員として戻って2年目。「子どもたちの成長を日々実感できる。充実した生活を、また送っています」と話している。

信濃毎日新聞
（2015年6月3日）

【四】一人一人の体験がドラマだ!!　―修園生の話―

山村留学を体験した修園生とその保護者を訪ねて話を聞いた。

年齢、職業は、２００４年からインタビューした時のものである。

インタビューを始めた時に、

①修園して10年以上経っていること

②20歳以上または社会人になっていることを基準にして訪ねた。

その理由は、10年たってもなお、山村留学の体験が残っているかを知りたかったし、教育の成果は、社会人になった時こそ発揮されているはずだと考えたからである。

末松茂道さん

八坂学園1期生
小学2年生時（1976年）留学
現在39歳、1児の父親　会社員
新宿の喫茶店で

ガッタ坊主、蔵に入れられる※1

小学生の頃は、ヤンチャでした。小1の時に朝日新聞に掲載された山村留学の記事を見た親から「1年間の山村留学に行くか？」と言われた時は、そんなに抵抗なく「行く」と言いました。

しかし、入園してから3日間は、フトンの中で泣きました。センターでの生活は、6時半起床、ラジオ体操、30分くらいの散歩があったと思います。

トイレは水洗で、お風呂は当時3階にありました。テレビと漫画は禁止でした。ビデオは、植村直己のドキュメンタリーを見たと思います。

田植えをし、お米を手動の脱穀機で脱穀しました。村内の化石の採れる川原に行ったり、センターの裏の空き地で雪合戦をしたことを覚えています。

収穫祭が印象に残っています。

青木先生には、行儀について強く指導された記憶があります。

通学路は楽しかったですね。苦ではなかったですよ。ハチノコや、アケビ・木苺をよく食べました。ノコギリクワガタは、東京に多く、ミヤマクワガタは八坂の方が多かったですね。冬は、センターから切久保までは、プラスチックのソリで滑って行きました。朴の木の葉で飛行機を作って、飛ばしました。

冬と春は、際だって違いました。

預かり農家では、家族の一員として接してもらいました。炬燵に足を入れて寝るのにビックリしました。冬に凍結防止対策で水道の水を細く流しているのも不思議でした。

農家の父さんにはよく怒られ、土蔵に入れられたこともあります。農作業は、一緒に働きました。小学2年生でしたから、たいしたことはできていないと思いますが、一家が作業しておられる所にものを運ぶ手伝いをした、と思います。

面白かったのは、田植えは、後ろに下がりながらする、ということです。バランスをとりながら、足を抜くことを覚えました。

家族6人（その内、山村留学生が2人）一緒に食事をしました。おやきと野沢菜が美味しかったですね。

学校では、初めのうちは、野球の仲間に入れてもらえませんでした。竹のバットで、フワフワしたボールを打って遊びました。

冬は、薪ストーブの上に弁当を載せて温めて食べたものです。

勉強が遅れた、という記憶は全くありません。

私の人格形成の上で、山村留学は、影響を与えていることは間違いありません。これからも、生きて行く上で、何らかの基になるでしょうね。

今、自分が子どもを育てるようになって、私の親を見た時、子育てに、真剣に取り組んでいたことを実感します。大胆な発想をしたものだと思いますよ。

妻は、わが子を短期行事に行かせることには賛成しています。私は、自分の体験を（わが子に）おしつけようとは考えていないので、わが子を1年間の山村留学に入れることについては、今は考えていません。

これからの山村留学へ―末松さんの意見

①少子化が進み、子ども同士が交わる機会が少ないので、山村留学の需要が減ることはないでしょう。たぶん、「商売」としての山村留学が出現するかもしれません。「育てる会」は、そういった「商売」としての山村留学との違いを明確にする必要があります。ご存知ですか？今では、鉄棒ができるように、とかスポーツができるようにする家庭教師がいるのですよ。

②「こうすれば、こうなる」のようにＨｏｗｔｏ的な商業的コンセプトではなく、都会の子どもが自然の中で、村の人々と一緒に生活する経験は、現代社会において貴重な機会であり、バランスを保つという点で人格形成上意義深いと考えます。

※1：ガッタ坊主↓八坂村の方言で腕白坊主の意。

末松茂道さんは、1m90㎝に近い長身で、バスケットボールを中・高・大と続け、社会人になった今も、小学生のチームを指導されている。

山村留学が終わって29年経ち、しかも小学2年生の時のことなのに、鮮明に記憶しておられ、2時間がアッという間に過ぎた。

若村龍哉さん

八坂学園3、4、5期生
小学3、4、5年生時
（1978、79、80年）留学
37歳、3児の父親　会社経営
東京にて

梟と口笛

山村留学に行く「きっかけ」は、当然のことながら、一人一人ちがう。若村龍哉さんの両親は、当時（1978年）練馬区の西武池袋線の沿線で飲食店を6軒経営しており、多忙をきわめていた。親子で何処かへ出掛けることは、全くできなかったので、両親は、「子ども達を泊まりがけの野外活動へ参加させたい」と思い、5人兄弟姉妹をいろいろな団体が主催する野外活動へ順番に参加させた。その一つに「育てる会」の夏休み・冬休みの短期活動があった。

両親は、そこで初めて、山村留学があることを知り、長女（小5）と、龍哉さん（小3）を八坂学園に入園させた。１９７７年のことである。

龍哉さんの記憶では、「いっぱい〝虫〟が獲れる山村留学に行ってみない？」と母親から言われたそうだ。龍哉さんも「育てる会」の短期活動が、面白かったので、「行きたい」と思った。

龍哉さんは語る

東京の小学校では、ガキ大将だった。

八坂学園に来て、1年目こそ、おとなしかったが、ガキ大将であり、預かり農家の話からも「ガッタ坊主」だったようだ。八坂学園・預かり農家・小学校では6年生も、おしのける力を持っていた。

「山村留学2年目が一番つらかった」、と龍哉さんは振り返る。預かり農家の諏訪さん宅で4人の山村留学生と暮らしていたが、一番年下で、他は中学生だったので相手にしてもらえない。諏訪さんの近所の農家には、小学生がいたが、女の子ばかりだった。小学校から帰っても、諏訪夫妻は畑仕事で、一人ぼっちだった。すぐ近くの神社で、山を見て、空を眺めていた。親がらすと子がらすが行くのを見て、「何故、此処にいなければならないのだろうか」「こんな体験をさせなくてもよかったのに」と思ったという。しかし、1人で歩き回るうちに、自分なりの楽しみを見つけ、体力的にも精神的にも強くなったように思う、と語った。

当時の指導員は、厳しかった。センターで喧嘩になり、弱い者をいじめた時には、指導員から怒られ「強い者は、弱い者を守るものだ」と諭された。これは、今も龍哉さんの生き方に根付いている、という。

小学6年生で地元の小学校へ帰ったが、3年間のブランクは大きく、新しいガキ大将が勢力を張っていた。「山猿が帰って来た」とからかわれ、除け者にされた。転入したその日にいじめられたが、あばれずに我慢した。親に「あんな、学校には行けない。八坂学園に戻りたい」と訴えた。両親も困り果てた。龍哉さんは、新しいガキ大将と、どういう人間関係をつくればいいのか、必死に考えた。夏休み前には、自分の居場所を作って、1年間通うことができた。この意志の強さ、我慢する体験こそ、山村留学で培われたものだという。

東京の小学校には、〝ワル〟が多くいた。その中で、良心と正義を貫くにはどうしたらいいのかを考え続け、流されないように努力した。この考え抜く力も山村留学で得たものだ。

当時は進学熱の高い時代で、龍哉さんも、学習の遅れを感じていたため、夏・冬休みは塾へ通い中学受験をして合格した。考えて行動できる人間に自立していった。


八坂学園35年間で龍哉さんだけがやった象徴的なことがある。山村留学して3年目、小学5年生の時だ。預かり農家は、切久保の勝野喜六さんだった。

喜六さんは、鷹狩山の登山道の中程にある杉の木の洞に毎年、フクロウが子育てをしていることを山村留学生に話していた。

龍哉さんは、興味を持ち、次の日、山村留学生である真山真君（小1）と妹のるり子ちゃん（小3）と一緒に、買い物籠をぶらさげ、フクロウの雛鳥を捕りに出掛けた。

喜六さんは、「どの杉の木」かは、話していなかった。3人は、鷹狩山へ登り、一本一本杉の木を見てまわった。時には、藪の中に入り、とげやいばらでひっかき傷をつくりながら、「杉の木の洞」を探し求めた。諦めかけた時もあったが、遂に、「洞」を発見した。龍哉さんが、杉の木に登って、洞を覗くと、2羽の雛鳥がいた。ソッと雛を買い物籠にうつした。3人の顔は喜びと興奮で真っ赤になり、体は小刻みに震えた。そして、転びかねない勢いで、喜六さん宅に帰った。

龍哉さんは、3人を代表して、喜六さんに、「フクロウを飼いたい」と話すと、幸い、喜六さんは、飼うことを許してくれた。しかし、小さい方の1羽は、翌日「冷たく」なっていた。3人は泣く泣く、庭の片隅に葬った。

フクロウを飼うのは、難しかった。何故なら、生きた餌しか食べないからだ。龍哉さんは先頭に立ち、下級生も巻き込んで、蛙などの生き餌の確保に奔走した。当然、水田に入り込んで、稲が荒らされ、所有者の方が怒鳴り込んできたこともあった。喜六さんは、その度に謝ってくれた。

フクロウは籠で飼わず、放し飼いにした。龍哉さんが口笛を吹くと森の中から飛んで来て、肩に留まった。餌は、自分で獲れないので、龍哉さんのところへ必ずやってきた。

ある日、近所のおばあさんの家にフクロウが、餌をねだりに飛んで来て、室内に入り、おばあさんが腰を抜かす、という事件があった。それからフクロウを飼うことに対して風当たりが強くなって来た。おまけに、龍哉さんの修園の時期も迫っていた。

龍哉さんは泣く泣く、フクロウを大町市の山岳博物館へ預けに行った。龍哉さんが修園して2年後に博物館へ行ったが、どれが、自分のフクロウか全く見分けがつかなかったという。


「山村留学が、人生の基盤になっている。」と語る龍哉さん。「我慢する、何も無い所からいかに自分のやりたいことを見つけるか、自立心がついた、の三つが今も大切なものとして刻まれている」、と話された。

龍哉さんは、山村留学という貴重な経験をさせてくれた両親に感謝している。

そして、長男を松之山学園、長女と次男は八坂学園に出した。修園生の中では、自分の子どもを山村留学に出した第1号だ。

野坂浩資《こうすけ》さん

八坂学園3、4、5、6期生
小学6年、中学1、2、3年時（1978、79、80、81年）留学
44歳　2児の父親　会社員
大阪の料理店で

100羽のカラス

留学の動機

浩資さんは、3人兄弟の一番下だった。兄弟は、みんな「育てる会」の短期活動に参加していた。

長男の時は、山村留学はまだ無かったが、二男の匡昭《まさあき》さんが、中1の時、八坂2期に入園した。浩資さんは、小5の時、母親と収穫祭を見にいった。簡素だったが、

ア、山村留学生同士、とても仲が良さそうに見えたこと、

イ、また、手作業で脱穀する様子を見て、米は、このようにして、食べられるようになるのか、と驚いたこと

これが、山村留学する動機になった。

「僕も山村留学へ行く」と言い始めると、父親は、「覚悟」を促すためか、毎日父親が話す言葉をノート1ページに書かせた。先日このノートが出て来て読んでみたが、当時の父親が何を期待していたか、よく分かる。「今の都会の人々の生活や考えは、歪んで、崩れている。普通の人間に育つため、山村の素朴で当たり前の暮らしをしている人々に触れて来てほしい」、と考えていたようだ。当時、日本が高度経済成長期にさしかかった時代背景を考えると、親父の人生観を改めて感じた、と語る。

学校で、長野県の山村に行くことが伝わると、〝農民一号〟というあだ名が付けられたが、浩資さんは喜んで受け入れた。

秘境だった八坂

1978年、小6で八坂3期に入園した。当時の八坂村は、まさに〝秘境〟だった。東京から八坂へ来るのに、車なら確か岡谷まで高速で来て、そこから国道を通って塩尻峠を越え、松本↓大町↓八坂村

まで、半日、時には丸1日かかった。山村留学生の多くは列車で来たが、松本まで特急「あずさ」、大町までは各停だった、という。

八坂村の景観は、あの頃とほとんど変わっていない。変わったのは、2校あった小学校が統合され、地道が舗装され、村道に街灯がつき、中学校の近くの店がなくなったこと、それからセンターの前の木が大きくなったことくらいだろうか。

3~6期までは、決まったプログラムは少なく、指導員と山村留学生で比較的、自由に活動していた。リヤカーにキャンプ道具一式と食材などを積み、村内を歩き、夕方になると到着した所でキャンプした、と語る。

農家活動の時は、同級生の家に泊まりに行ったこともある。夕食に、あきらかに普段とは違うご馳走が出て、とまどった。同級生の親は、都会の子どもに、村に住む者の粗壁《あらかべ》の家や質素な食事等を知られたくない、という雰囲気があった。

山村留学生も自分から進んで来た子、親に来させられた子、親がよくなってほしい、と思って出した子など様々だった。生活していくなかで、ドップリ山村留学にはまった子と最後まで馴染めなかった子の二つに分かれた、と話される。

中山指導員からの影響

4年間のうち、3、4期と5、6期とでは、少々印象が違う。3、4期の指導員、中山さんには、大きな影響を受けたと言う。子どもたち一人ひとりに対してつながりを作った。浩資さんは、中学校でバレーボール部に入っていたが、「中間テストか期末テストで100点取ったら練習着を買う」という約束をした。これで結構、モチベーションが上がり、4、5枚買ってもらったという。理由は忘れたが、中山さんから怒られたこともある。

こんな話もあった。A君は、「絶対、丸坊主は嫌だ」と言う。当時、八坂中は、皆、丸坊主だった。中山さんが説得したけれど、頑として言うことを聞かない。ある日、中山さんは大町で、自ら丸坊主になって、それも剃り上げて帰り、「俺も、丸坊主にしたから、おまえもやれ」と説得。とうとう、根負けしてA君も丸坊主になったという。中山さんは、いつも山村留学生の目線で見てくれた。中山さんが辞めると分かった4期の修園の集いでは、山村留学生全員が泣いた。

育てる会の危機

〈浩資さんが在園した3、4期は、育てる会が経済的に最も困難な時期だった。保護者から子へ、その子から山村留学生に「育てる会」は危ない、山村留学はなくなるかもしれない、というウワサが広がった。〉

4期（1979年）の時、保護者が集まり話をしていて、父親同士が激論する場面を見たこともあった。指導員が、「君達は、向こうへ行きなさい」とその場から離そうとすると、「向こうへ行く必要はない。この場面を見せるのが教育だ！」という声が聞こえた。

親達は対立していたようだが、山村留学生同士は今までと変わらず仲が良く、活動していた。食事や暖房に困る、ということはなかった。しかし何が原因で、親が対立していたのか、当時は全く知らなかった。ただ、「継続する」つもりの子が、本人の意に反して突然継続をとり止めた。そのことが私にとって長い間、不思議だった。

山村留学の思い出は、自然体験、親から離れて暮らす、集団生活、農家生活など幅広くあって、短時間では話せない。日常のなにげないことが強く心に残り、行事・イベントは、意外と思い出せない。

山路での通学

中1の、預かり農家は、曽山の諏訪さんだった。スクールバスが使えたが、往復、歩いていた。

中学校へ行く時は、しばしば旧道を使った。ある日、諏訪さんの家を出て、しばらくすると、ウンチがしたくなった。引き返しても、間に合わない。我慢できなくなって、野糞をした。なんとも言えない開放感と爽快感があった。この時、大げさかもしれないが、「これで、どんな状況におかれても生きて行ける」自信みたいなものができた、という。

秋も深くなったある日、部活動が終わり、6時頃に下校し、切久保までは、仲間とワイワイ話しながら賑やかに帰って来たが、切久保からは1人になる。この日は、センターの灯りはなかった。センターを過ぎると街灯は全くない。木立も深くなり真っ暗闇になる。フクロウの「ホォッ、ホォッ」という鳴き声が寂しさを募らせる。テン、イタチなどの小動物がガサガサと音を立てる。ようやく、「泣き地蔵」まで来て、下り道にさしかかった。しばらく下ると「ギョッ」とした。木間から月が出て来て、杉の木に100羽以上のカラスが留まっている。「ドッキン!」。恐怖が心臓を鷲掴みにした。カラスに襲われて目でも潰されたらどうしよう。体がこわばり、その場に立ちすくんだ。助けてくれる者は誰もいない。頼れるのは、自分1人。この時、初めて八百万《やおよろず》の神々にすがる気持ちがよく分かった。

・切久保に引き返す
・一番近い農家に飛び込む
・このまま、諏訪さんの家まで駆け下る

の3つを考えたが、自分を奮い立たせ、諏訪さんの家まで、ありったけの力を振り絞り数十m走った。しかし襲って来ないので「ウン?」と思い、後ろを振り返ってみるとカラスに見えたのは、風にそよぐ杉の葉だった。月の光の逆光が、黒々とした100羽のカラスに見せたのだった。この時の光景は32年経った今もなお、鮮明に蘇る、という。

「私にとって、自然体験とは〝恐怖〟なんですよねぇ」、としみじみ語った。

山村留学してよかったこと

山村留学が終わってから、高校と大学時代は「山村留学は、確かに自分にとってよかったと思う。でも、何が良かったのか」という答えは見つからなかった。40歳代になって、山村留学は、人間として生きて行く時に必要な大切なものを、自分の心と体に「種」を蒔いてくれた、と思っている。すぐ、芽を出し、双葉を出すもの、何年かして、芽を出すもの、全く芽を出さずに終わってしまうものもあるだろう。例えば、体型が変わる、脚力がつく、などは、すぐに芽が出て来たもの。大学生の時に半年、休学してオーストラリアに働きに行った行動力は、修園して数年後に芽が出たものだろう。今後も芽が出るのかもしれない。しかし、芽を出さないまま終わるものもあるかもしれませんね、と語る。

浩資さんは、今年、自分の子どもを「親からの自立」を期待して、八坂学園へ送り出した。子どもが、どんな種を蒔いて、その後の人生でどんな芽を出さすのかを、楽しみにしている、と話された。修園生で自分の子どもを山村留学に出した第2号である。

栗原美《み》柚《ゆず》さん

北相木学園10、11期生
小学4、5年生時
（1996、97年）留学
現在24歳　市役所勤務
埼玉県鴻巣市の自宅にて

やさしい北相木の風

最初に、栗原美柚さんが作詞した北相木学園の学園歌の一部を紹介する。

一　八ヶ岳眺めて
やさしい心になれば
きっとほら吹いてくるよ
きっとほら吹いてくるよ
やさしいやさしい相木の風が

五　きっとやさしい心にならなければ
きっとほら吹いてこない

きっとほら吹いてこない
やさしいやさしい相木の風は
（作曲　北相木小学校　青木　温海校長）
（編曲　妹尾　満・妹尾　美智子）

歌詞に「やさしい風」とあるが、美柚さんの話では、「自分が人から受ける風」を意味している。美柚さんの山村留学がどのようなものであったかを、象徴しているように感じる。この学園歌は、修園のつどいで山村留学生と式典に参加した全員で合唱し歌い継がれてきた。「毎年この歌を歌うときは、会場に涙が溢れる」と当時の指導員の二村節子さんは話す。

美柚さんは、よく動き回る、やりたいことや興味が一杯ある子どもだった。そのため、普通の幼稚園では満足できず、入園が1年間遅れてしまった。たどりついたのは、「ドロンコ遊び」教育をする市内の幼稚園。美柚さんにはぴったりの場所だった。園内で飼われているヤギやガチョウと戯れながら、美柚さんは嬉々として2年間の幼稚園生活を送った。

ところが小学校に入ると、先生が朝礼で「ピッー」とホイッスルを吹き、整列し、音楽に合わせて行進。のどかなドロンコ遊びの世界から「管理主義教育」の中に放り込まれた美柚さんは、そのギャップに耐えられなかった。

小3の頃、育てる会の活動に参加するようになった。売木学園の短期活動に参加し、北相木学園の11泊12日の長期班にも参加した。ブヨに刺されて足がパンパンに腫れ上がり大変な12日間だったが、本人は「もっと長く行きたかった！」と両親に話すほどだった。

今まで小学校であまり楽しい思いをしてこなかった美柚さんが、活動に参加して久しぶりに生き生きした表情を見せたので、両親は北相木へ山村留学に出す決心をした。父・文雄さんは、山村留学のことはＮＨＫラジオ番組で青木先生の話を聞いていたので、美柚さんが北相木に行くということになった時には、文雄さんの方が「よし、行ったらいい」という感じだった。お母さんは「いい」と思っても、美柚さんを山村留学に出した当初は心に穴があいたようだった。

山村留学して1年目は、北相木での生活に慣れることに精一杯だったので、「寂しい」と思う余裕すらなかった、と美柚さんは話した。

「通学路は山道もあって、遠かったので、初めはつらかった。でも、寄り道しながら帰ることができ、川沿いに咲く野生のツツジや相木川のイワナを見ながら帰るのが楽しくて、片道数㎞の通学路はすぐに楽しい場所になりました。村の人たちは、引っ込み思案な私にも優しく声をかけてくださり、とても心温まる出会いがありました。春はノカンゾウ（野生のヤブカンゾウの若芽）を摘んで天ぷらにしたり、夏は釣りや川遊び、秋は収穫祭の体験発表で木の実の研究をして、自作の俳句を発表、冬はスキー・スケートを楽しみました」

「親に手紙を出すのは面倒くさかった」、と言われたが、届いたはがきには毎回心のこもった、凝った画が描かれていたという。

2年目を継続したのは、「周りに背中を押されたからです」、と美柚さんは話す。地元に帰るかどうか迷っていると、預かり農家の中沢宗太さん（故人）から「美柚は、やさしい風が吹いていないねぇー」と言われた。まだここでやるべきことがあるのではないか……。それがもう1年継続するきっかけになった。

ホームシックになったのは2年目の収穫祭の頃で、その頃村の子どもが、親元から通学して来るのを見て、「自分もあれが普通なのかなぁ」、と感じ、少し寂しくなったようだ。

美柚さんは、山村留学2年目になっても、特に継続生らしいことはしなかったという。

「相変わらず自分の好き勝手に生活していたように思います。1人でスケッチブックを抱えて出かけ、景色をボンヤリと眺めたり……。自分の世界に入って、自然の一部に同化したような気分になっていました」

1人で好きにしていたかったため、他の子どもがついて来るのは苦手だった、と言う。山村留学生の仲間とも、地元の子ども達とも付かず離れずのような感じで、「友達を作って一緒に過ごす」ことも当時の美柚さんにとってあまり重要なことではなかったようだ。

美柚さんが山村留学から得たものの中で、一番大事なことは「人との出会い」を意識したことだ。

「一つ目は、二村先生をはじめ指導員の先生方との出会いです。少しわがままな自分を受け入れて、話しを聞いてくれて、これほど〝優しい〟大人に出会ったのは初めてでした。この人の傍なら何にも心配いらないんだと心から信頼できる人に出会えたのは幸せなことだったと思います」

自分を認めて、理解してくれる人々の存在を意識するうちに、今までに見えなかった両親の有り難さや、支えてくれている人たちへ感謝の気持ちを持つことができるようになったという。そして初めて、「他の人と一緒に生きていくこと」の大切さを感じることができたという。山村留学を通じて得た美柚さんの成長の1つだ。

地元に帰ってからは、溶け込むのに苦労したが、少しずつ友達もでき、昔は嫌でたまらなかった「学校」に行くのも平気になったと言う。時には受け入れ難いギャップを感じながらも「世の中には、こういうこともある」と自分の中で消化しながら過ごしていけるようになった。

「2つ目は、今まで自分の中になかったもの、気づくことができなかったことに気づかせてくれた〝人〟の存在が、私にとってただ単純に〝山村留学をした〟ということ以上の意味を持っているように感じます」

地元に帰ってからも、年に一度は北相木を訪れているという美柚さん。収穫祭のポスター用の版画を学園へ贈るなど、北相木への愛着を持ち続けている。高校生からは、厨房スタッフとしてボランティアをするようになり、社会人となった今でも気が付けば懐かしい〝風〟の吹くあの村に足を運んでいる。

「多分、一生通い続けるのではないかと思います。北相木村は、私の第二の故郷ですから」

飯島悠太さん

大岡ひじり学園2、3、4、5、6期
小4、5、6中1、2年生時
19歳学生（1998、99、2000、01、02年）留学
（2011年現在22歳大学院生）
神奈川県の自宅にて

山村留学と同質のものは、なかなか無い

お母さんの話から始めよう。「悠太は、昆虫や恐竜が大好きでした。でも、マンション住まいなので、ザリガニを飼うのが精一杯です。野外で、ダンゴムシやカナブンを見つけては感激していました。それでもっと自然に触れさせてやりたい、と思いました。

性格は、几帳面で神経質な面がありました。保育園は、裸足を生活の基本にしていたので、悠太には合っていたようです。小学校は、児童一人一人を大切にすることで知られていた大学付属小へ入学させたのですが、方針が変わって、受験一本槍になっていました。

入学試験も表現力と集団行動を見ていたようで、自己アピールの上手な子どもが多く、入学してからの悠太は、知った友達もいないし、圧倒されたようです。学校が面白くなくて、小学2年生から、不登校になりました。ちょうど、その頃夫の教え子に偶然出会い、『育てる会』の指導員をされていることを知りました。『育てる会』の短期行事には、一度行かせていました。」

悠太さんが語る

短期行事は、本当に楽しかったです。小3の冬は、松之山へ行ったのですが、田舎で親元を離れて同年齢の子ども達と活動するのは何とも言えない楽しさでした。この時、雪は少なかったです。（松之山は豪雪地帯）

両親と一緒に八坂と大岡の2つの学園を見学に行き、理由は、はっきり覚えていないのですが、大岡を選びました。

入園した時に、同学年のU君がいたので、ホームシックにならず、山村留学の生活に早くから馴染みました。通学路が楽しかった。自然の素晴らしさにはまり

ました。山菜を採る、水路に沿って歩く、地元の友達と一緒に帰り、時には、道草をして、センターに遅く帰ったこともあります。

特に、釣りが楽しくて、関心が深まりました。センターの近くに農園があって、その下の小さな川に、イワナが棲んでいました。これを釣るのが、ワクワクするほどの楽しみでした。

センターでは、私が、最下級生だったので、中学生が大きく見えました。小6でいったん横浜へ帰ったのですが、また不登校になってしまい、秋には、再び大岡へ来ました。途中からもどったので、他の山村留学生よりも在園期間が短い、という引け目があり、人とのつきあいも苦手で、その弱さを引きずりました。

しかし、中学生の頃から人間関係ができるようになったように思います。特に中2では、人間関係に重点を置くようになりました。中3にI君とK君がいたのですが、この2人のリーダーシップはすばらしかったです。難しい集団でしたが、この2人を目標に頑張る山村留学生が多くいました。

農家さんは、4軒お世話になりましたが、どの農家さんもよかったです。ホンワカとして暖かいのが共通していました。厳しい面もありましたが、農家の父さん母さんには感謝の気持ちでいっぱいです。今でも時々遊びに行ったりしています。初めの2年間は、中学生のお兄ちゃんと暮らしている感じでした。

学校は楽しかったですよ。小4は1クラス12人でした。担任は、ちょっと怖いけれど良い先生でした。全校で60人くらいでしたから、全児童の名前が分かる。一人ひとり、話をする機会があり、話さざるをえません。少しずつ話ができるようになり、自己主張ができるようになりました。自分の言いたいことが言える学校でした。

山村留学の生活を通して、整理整頓ができるようになり、基本的な生活習慣はとても良くなったと思います。

中2までの5年間いましたが山村留学生活は十分満足して納得したので、中3からは、学習に力を入れようと思って横浜へ帰りました。高校入学してからが、本当の山村留学だと考え、夢中になれることが欲しい、それを探し続けることが今後の自分の課題だと考えていましたが、中3の頃は、まだ何度か「大岡へ帰りたい」と思っていました。

高校生になってから、自分の行き先を見失った時には、大岡へボランティアに行っていました。私が、山村留学中、修園生はとても格好よくて大きな存在でした。しかし、自分が修園して、ボランティアへ行った時、改めて「山村留学生は凄い」と思いました。現役の山村留学生が自分よりはるかに大きく見え、自信を失いました。大岡へ行った時に、ボランティアとしてがんばれる、私が山村留学生の時憧れたような修園生になることが、その後の目標になりました。この思いが、横浜にいる時の自分の行動の原動力になりました。山村留学生のように強くなるためには、自分から動くべきだと考えました。

高校では、スキー同好会に所属し、2年生で最上級生になったので、部長になりました。

この経験から、「時間の使い方がまずい」「腰が重い」「横浜でも楽しめることがある」ことを教えてくれました。

大学でも、スキー部へ入部して、「自分を広げたい」と思っていた所へ、青木高志指導員から「短期行事のリーダーとして来ないか」というお誘いがあり、出かけました。低学年の子ども達だったので大変でした。安全面にとても気を遣い、1年間の山村留学生とは違うと思いました。でも、充実感がありましたね。

素直に自分を表現できるようにはなりましたが、他の修園生や現役の山村留学生は凄いという思いはありました。

今も思っているのですが、横浜や、大学で山村留学生と同じような人間関係を求めることは、難しく、山村留学生と同質のものを求めることは、無理だと分かって来ました。それほど、私にとって山村留学生同士の関係は深いです。同期で一緒に山村留学した仲間も、修園後に出会った山村留学生・修園生も私にとってなくてはならないものであり、自分が最も自分らしくいられる関係だと思います。皆に心から感謝すると共に、自分も他の山村留学生にとってすごい存在になりたいと思っています。

グロッセ龍太さん

八坂学園17、18期
中学2、3年生時（1992、93年）留学
現在37歳会社員
代々木上原の喫茶店にて

自分の求めていた所だ

お母さんのグロッセ世津子さんのお話から始めたい。世津子さんは、ベルギー人と結婚して、2児をもうけた。長男の龍太君が小3の時、実母（龍太君の祖母）の体調が悪い、という知らせを受けて、様子を見るために二児をつれて一時帰国した。ところが、実母は、想像以上に悪くそのまま介護することになった。のちに主人も来日して、一家は、日本に住むことになった。

2人の子どもは、日本の小学校へ通学した。しかし、ベルギーと日本の教育の違いに翻弄される。率直に発言し、物怖じしない龍太君は、日本の教師には受け入れられなかった。龍太君が、中学に入学して、生徒会役員選挙で会長に立候補すると、担任が、「いくらなんでも1年生で会長になるのはまずい。副会長にしなさい」と言われた。しぶしぶ副会長に立候補して、当選した。改革案を出しても、顧問の先生は、改革案をまともに取り上げてくれなかった。

バスケットボール部に入部して練習に取り組んでいたが、龍太君は、父子関係も大切だと考え、夏休みに父と2人で3週間旅行した。帰ってからクラブ活動へ行くとクラブ顧問の先生が「おまえには、ユニホームもベンチもない」と非情な言葉。世津子さんが、顧問に話に行くと、「お母さん、クラブは、勝つためにしているんです」と〝けんもホロロ〟の応対だった、と言う。その上、2人の子どもがつらかったのは、ベルギーでは「中国人？」と言われ、日本では「外国人↓アメリカ人↓ハーフ」と言われることだ。ある日、「お母さん、ハーフの国はないの」と聞かれ何も言えなかったが、かろうじて「地球人になりなさい」と答えた、と当時を思い出されたのか、つらそうに話され、二人で涙した。私も長男の

ことを思い出したからだ。

龍太君が、ポツンと「この中学校では、明日香（妹）は、やっていけないだろうな」、とつぶやいた。

この時、世津子さんは、雑誌に載っていた山村留学に関わるエッセイを思いだした。初めは、妹の明日香さんを山村留学に出そうと考え、明日香さんをつれて育てる会東京事務所を訪ねた。たまたま、龍太君も付いて行った。面接は、青木孝安先生で、いろいろと説明された後、「それでも来ますか」と尋ねられた。すると龍太君の方が先に「行きます」と言った。世津子さんも、青木先生の人柄を見て「この人ならわが子を託しても大丈夫」と思ったという。

待ち合わせの場所に来られた龍太さんは、背の高い、目鼻立ちのクッキリした青年だった。

彼は、「育てる会」山村留学生の中で、最初の国際結婚の子どもであり、帰国子女だった。

まず、日本の中学校の体験から話された。

龍太さんは語る

「中学校の副会長選挙に立候補、当選した。①制帽の廃止、②会報の改善を提案。ところが、信頼していた担任から「おまえは、ベルギー人だからそんなことを言うのか」といわれ、一挙に失望し、やる気を失った。

「青木先生に会った時、〝後光がさしていた。この人なら救いを与えてくれる〞、と思った」、という。

水を得た魚

中1の終わりに左肩を複雑骨折したため、八坂に来たのは、中2の9月からだった。2日ばかりホームシックになったが、八坂の生活は、自分が求めていたものだった。「自分にとってこれ以上の環境はない、解放感で一杯だった」と語る。朝、6km歩いて通学する、真っ青な空、トンビがゆうゆうと飛ぶ、ムササビが滑空する、教室の窓からは緑豊かな木々が見える、全てが私を満足させてくれた。週末は、バスケットボール、畑仕事、山を歩くなど面白くてたまらなかった。自然が好きで、センター活動ではサバイバル、カヌー、沢登り、キャンプ、罠を仕掛けること等を好んでやった。創造力や想像力、そして冒険心が大いに満たされた。校長先生が熱血漢で、校長室によく呼ばれてベルギーの話をした。

中3の10月、農家が一緒だった3人で月明かりの中、自転車で坂を下ったことが最も美しい光景として今でも心に残っている、と目を輝かせて話してくれた。

「日本にもこんなに自分を生き生きさせてくれる環境があるのか」とうれしくなった。

センターでは、すぐにうち解けて、「龍太兄《にい》」と下級生から呼ばれ、くすぐったく感じた。

中3の2学期になって、初めて自分の悩みを山村留学の同級生や下級生に話した。この時自分を支えてくれる仲間がいることを実感した。

今、振り返ってみても、山村留学の2年は、生き生きと暮らすことができて、本来の自分を取り戻せた。

どう生きるか

高校も「日本の学校」だった。「日本の学校」にはうんざりしたので、卒業後、登山の専門ガイドを養成するカナダの登山学校短期集中講座を半年間受講し、その後自転車でロッキー山脈2800kmを横断した。

しかし、本当に山で暮らすのがいいのか、自分は、〝何をやりたいのか〟〝僕って何なんだろう〟〝自分のアイデンティティは何なのか〟と考え続けた。

「表現するのが好きである」「自分の殻を破りたい」「自分を自分として表現したい」という思いがつのり「演劇」をしたい、と思いだした。知人が全くいないところでやってみようと考え、当座のお金とバッグ二つでパリへ行って、5年半暮らした。1年目はオーディションに落ちたが、先生3人が工場を改装して作った新しい演劇学校に入学できた。生徒一人一人の持つ力をどうしたら引き出せるかに焦点をあてて指導してくれる先生方だった。ここで4年間学んだ。自分をありのままに出すことが、いかに気持ちの良いものであるかを知った。

現在は、動物病院に併設されたエネルギー治療を専門に行う治療院で働いている。

山村留学は、自然のスケールの大きさ・偉大さ、自分が小さい存在で、自然の中で生かされていること、等を教えてくれた。そして、日本にもいろいろな境遇の子どもを迎え入れて、可能性を引き出してくれる大人が存在することを知った、と話された。

塚口尚哉さん

美麻学園1、2期生
小学4、5年生時
（1992、93年）留学
28歳レストラン経営
JR大阪駅の喫茶店で

24歳で店長に

JR大阪駅の中央改札口で待ち合わせる。定刻にスラッと背の高い青年が現れた。ご両親との交流があるので、初めて会った気がしない。

山村留学の体験で面白かったことは？　と聞くと、「通学路です」という。

通い慣れると、そこは、格好の遊び場だった。遊びながら、行ったり来たり。友達とのおしゃべり、木の実を採って食べる、小鳥のさえずり、小動物の出没など、いろんな楽しみがあったという。冬の雪の多さにも驚かされた。彼が住んでいた兵庫県の三田市は、ほとんど雪が降らない。ところが、美麻村は、多い時には1mくらい積もった。池の上に雪が積もり、その上に飛び降りるのは面白かった、と活き活きと語った。

彼が歩いたのは、旧道だが、私も現在の通学路を歩いてみた。２月の雪が降り積もっている日の午前中だった。晴れているが、冷たい空気が肌を刺す。センターからゆるい登り坂が３km、八坂・美麻村境に来る。ここが峠で、（両村は、現在大町市）白銀の鹿島槍ヶ岳・五龍岳が正面に見え、その絶景に息を呑む。そこから下り坂1・5km、通学バスの大黒バス停に着く。道の両側は、鬱蒼とした森で、夕方は暗い。小学4年生にとって、4・5kmの冬の通学路は、長くてつらかっただろう、と想像する。

彼の最も印象に残った体験は、「真の闇の怖さ」だという。

「1年目、4年生の11月、文化祭の準備で遅くなって、なぜか、私1人でした。大黒バス停を降りた時には、もう薄暗くなりかけていたので、坂道を峠に向かって懸命に歩きました。峠に着いた時、トップリと日は暮れ、真っ暗闇になっていました。梟や鳩の声、小動物の足音、風で木の葉がザワザワと擦れる音、シーンとして全く音のしない瞬間もあって、熊が出ないかと、恐ろしくて、無我夢中で歩きました。鼻をつままれても分からない闇は、本当にあるんですね。

諏訪さんの家へ下る坂道に近づいて来ました。（諏訪さんの家は、美麻村へ行く途中の曽山に一軒だけ離れていた）その分かれ道に地蔵堂があります。そのお地蔵さんは、自動車が転落し、死者が出てその慰霊のために建てられた、ということを聞いていたので『幽霊が出るのではないか』と思うと本当に怖くて、走って通り過ぎました。『あと、もう少し。あと、もう少し』、と思いながら必死で歩きました。ようやく、カラマツ林の間からセンターの灯りがチラチラと見えました。あの時の安堵感は、何と言ったらいいのでしょうか。玄関に飛び込んだのを覚えています。」

都市生活では味わうことのできない「暗闇体験」だ。尚哉さんは、この体験を通して「自然の怖さ」を肌身に染みて感じたことだろう。

山村留学を終わって、小6から京都府福知山の小学校に通ったが流行の話題やファッションを気にする生活スタイルにはついていけなかった、と語る。山村留学の2年間は、テレビ・漫画・音楽とは、無縁の生活で、中1の時は、正直言って「しまった！山村留学なんかに行くのではなかった」と思いましたね、と語る。

「高校時代、停学になって、自宅で本ばかり読んでいたことがあります。教師に説教され反省文を書かされて、『今の自分は恥ずかしい』という自覚を持つようにしむけられましたが、本当に恥ずかしい存在なのか、納得できませんでした。今の学校は、他人に合わせる風潮が強すぎて、私は、そういう風潮に馴染めませんでした。20数人が退学していきました。

今の社会は、資格を取るためには、高卒の資格が要ります。だから、中途退学した生徒に高卒の資格が与えられる高校を作りたい、と思ったこともありました。

高2の時、落ち込んでいる友達を励ますために、妹（山村留学をしている）と3人で長野県までヒッチハイクをして、お世話になった美麻村の預かり農家さんの家に泊めてもらいました。親元に帰るような感覚です。

実は、高校の別の友人が単車の事故で亡くなりました。彼は、いつも『高校は卒業したい』、と言っていたので私は、退学せずに高校に残り、卒業することができました。もし､その友人が生きていたら、中途退学していたかもしれません。

山村留学の体験は、私にとって大きいです。責任を持つこと・主体性の確立・自己主張すること・学習の大切さ・我慢すること・協調性・努力すること等の大切さを学び、現在の自分の精神の土台になっています。自分なりに自立して生きることができるようなったし、やりたいことは、責任を持ってやればできることが分かりました。」

高校を卒業してから、尚哉さんは調理師専門学校に進み、洋菓子作りを学ぶ。

最初の会社のオーナーは、彼の人物を見込んで小さいお店を任せてくれた。19歳の時だ。

「大学に行って、会社に入って、というコース、つまりサラリーマンは私には向いていません。自分で商売を始めたいと思っています。自分の思いが仕事の中にないことや人に雇われて働くことは嫌いです。40歳まではがむしゃらに働いて、経済基盤ができたら引退して、好きなことをして暮らしたい。一番安定した仕事は、経営者だと思う。」

尚哉さんは、社長に惚れ込んで最初の仕事を懸命にしたが、社長の経営の方向が尚哉さんの思いと違ってきて退職した。そして、函館へケーキ作りの修行に出掛けた。ここでも、24歳で働く人が10人いる店の店長になる。さらに、愛媛県のレストランで働き、料理の方にも手を広げた。再び、函館のケーキ店で働き、26歳で、長野県美麻村に定住する。山村留学した村に帰って来た数少ない1人である。

「父は、夢とポリシー（力）をケーキに込めて売って来ました。学習・人格・経済全ての点で親を抜きたい、と考えています。都会には、住めないことが自覚できました。美麻村の雰囲気がいい。子どもを育てるにも、美麻村がいいと思いました。」

尚哉さんは、現在28歳。美麻村で昨年から父と2人で、レストランを建設している。ゆくゆくは、山村留学関係者で調理師免許を持つ人と農村レストランを運営していくつもりのようだ。山村留学経験者のパワフルな生き方の一例を見た気がする。

神谷博子さん

北相木学園8、9期
小学3、4年生時
（1994〜95年）留学
26歳　会社勤務後、教員を目指して在学中
東京の神谷さん宅にて

川面がキラキラ輝いて

お兄ちゃんが山村留学（浪合学園）をしていて、何度か浪合に行き、「いいなぁー」、と思いました。東京は、ゴミゴミしていて、田舎で、伸び伸びしたいと思いました。私自身、山村留学をして見たかったのです。

北相木村へ母親と見学に行って、気にいりましたが、なぜ北相木になったのかは、覚えていません。

村の人々は、山村留学生を可愛がってくれました。北相木学園では、指導員2人、村から1人調理に来ておられました。指導員の二村節子先生は、第二のお母さんのような気がします。二村マジックというか、フワッと包まれて心地いいのですよねぇ〜。

8、9期の頃、食事は冷凍食品が多かったです。学園では、毎日マラソンをしました。山村留学の生活は、心身共に健康に過ごせました。センターから見える八ヶ岳の眺めが好きでした。

学校は、すごく遠かったです。2年目になって、近道（諏訪神社の所から道がある。）を通ったので、それほど遠いと感じませんでした。学校へ行く時は、山村留学生と一緒だったのですが、帰りは、学年によって終わる時間帯が違うので、1人の時もありました。村の人がプランターで作っている何かの実を内緒で取って食べたこともあります。このプランターが乾いていたので近くの用水路から水を汲んで来てかけたこともありました。

収穫祭の発表は、とても印象に残っています。

1年目は、「三滝物語」という北相木に伝わる民話に私が想像を付け加えて物語を作り、本にして発表しました。学園交流で八坂に行った時、北相木を代表して、これを発表しました。（インタビュー後、お母さんが一冊下さった。読んでみたが、小4とい

う年齢から考えて想像した部分が豊かで面白かった）

2年目は、タンポポを調べて紙芝居にし、実際にタンポポの種子を会場で飛ばしました。

冬の北相木の寒さは、想像以上でした。凍った田んぼをリンクにしているのですがマイナス17℃になると、スケートどころではありませんでした。つま先の感覚がなくなり、痛くて立っていられないほどでした。今の私なら、到底耐えることは難しいでしょう。（笑）

「帰りたい」と思ったことはあります。1年目の秋、収穫祭に両親と姉と兄が見に来てくれた時です。浪合学園に連れて行ってもらった時は、良いところしか見えませんでしたが一年間の山村留学に行ってみたら体験の質と量が違います。

1年目は、農家で一緒になった子どもにイジメられました。「Aの馬鹿!!」と紙飛行機に書いて飛ばしたことがありました。Aさんがボスで、Bさんは、おとなしくて、Aさんの言いなりでしたが、優しい子でした。私とBさんとは、暗黙の了解があり、私は、Bさんに小さく手を振り、Bさんも小さく手を振って応えてくれました。男子は、その場で喧嘩して終わりますが、女子は、後まで引きずります。

預かり農家は、1年目は井出たつみさん、2年目は木次太郎さんでした。

私は、食べ物に関心があって、毎日何を食べたかを日記に書いていました。井出さんの農家では、好き嫌いひとつせず、何でも食べました。中でも、冬の凍った野沢菜と夏の甘いトウモロコシは絶品でした。他にも、スイカの種を畑に植えて実らせたり、サニーレタスの栽培のお手伝いをして、いつも食物の成長を感じながら日々過ごしていました。

私たちは、木次太郎さんが預かる初めての山村留学生でした。この家でも色々な体験をさせていただき、娘のように可愛がってもらいました。イノシシの肉を食べたことは今でも思い出します。畑に行っては、新鮮な野菜をその場で食べたり、行く途中にある蜂の巣を覗いたりしながら、身体全体で自然を感じていました。

小学校の坂井先生は、とても厳しい先生でした。でも、ある日「誕生日会は、いつも家でしてくれるけど、ここではできない」と日記に書いたら、すぐにクラスで誕生日会を開いてくれました。私に寂しい思いをさせないように配慮してくれたのです。厳しいけれど、いつも子どものことを考えてくれている先生が、好きになりました。今思うと、それが小学校教員を目指すきっかけになったように思います。

北相木小学校の旧校舎に忍び込んで、見てまわったことがありました。山村留学生や、地元の子とは深い付き合いはできませんでしたが、先日、初めて同期の山村留学生と出会いました。中学・高校の時は気恥ずかしくて会いたいと思いませんでしたが、大学生になって、初めて会ってもいいなぁと思うようになりました。

山村留学して、実の父と母の良さが改めてわかりました。会うとホッとして、血が繋がっているのは、いいなぁーとしみじみ感じましたね。

山村留学は、今までの人生で、とても印象深いです。もし、山村留学に行ってなかったら、今の自分はなかったと思います。行かないと分からなかったことや、自宅で暮らしていたら体験できないことが沢山ありました。

考えが深くなり、感情が豊かになりました。人のことを考えられるようになったり、我慢することを学びました。

ちょっとやそっとのことでは、動じなくなり、寒いのも我慢できるようになりました。お菓子・テレビ・漫画を断ち切ることができたのはよかったです。

子どもができたら、ぜひ山村留学に行かせたい、と考えています。1年か2年、山村でドップリ暮らせたらいいですね。自然、村の人々、二村節子先生、山村留学生をひっくるめて、得るものがあると思うからです。

今でも、私は、自然が大好きです。高校時代、悩みがあると、通学途中にある荒川を自転車でよく走りました、朝日に照らされて川面がキラキラと輝いているのを見ていると、私の悩みなどちっぽけなものだと思えるからです。

何が起きても対処できる力や、困っている友人がいれば助ける思いやりの心を持つことができたのも北相木の自然とそこに暮らす人々との温かい交流があったからです。山村留学で培った力、経験は今の私を強く逞しく、心豊かにしてくれています。

東史子さん（旧姓岡田）

八坂学園9、10期
小学5、6年生時
（1984〜85年）留学
37歳　千鳥橋病院総合内科勤務
福岡市の東さん宅にて

新規まき直しで内科医に

子育ての真っ最中と聞いていたので、「話を聞くのは無理かな」と思いつつ依頼状を出した。「応じます」との返事をもらった。「子どもが寝てからにして下さい」ということで夜9時30分に福岡市のお住まいを訪ねて行った。

ほっそりした、穏やかな方で、聞かせていただいた話の主人公とは思えない女性だった。

山村留学に行くきっかけから話は始まった。

「当時は、多摩地方で暮らしていました。2人姉妹の姉です。父は、富山県の農家の出身で、母は、私に米作りの様子が分かる農家の生活を体験させたかったようです。『育てる会』の冬の短期行事・雪国体験コースに参加したのですが、忙しい日程で疲れました。

1年間の山村留学には、行きたくない気持ちと、口うるさい親から離れたいという思いが半々でした。

面接には、両親と妹の4人で行きました。面接で落ちるように行儀の悪い行動を取ったのですが、『元気がいい子』と評価され、合格してしまい、妹と一緒に行くことになりました。」

しかし、いざ、山村留学が始まると、面白かったようだ。図鑑でしか見ることができない動植物の実物を見られることにワクワクした、という。

「山村留学センターでは、お店屋さんごっこを仕切ってやりました。小学校では、児童数が少ないので、全員で一丸となって行事に取り組むのがよかったです。

預かり農家には、兄にあたる人がいて、兄という存在に憧れていた私には、すごく楽しい農家生活でした。通学路が楽しかったですね。花を探す、ターザンのように蔓で空中を飛ぶ、追いかけっこをしたり、近道を探して歩いたり、小学校の近くでコンクリートブロックの塀から飛び降りる等、本当に面白かったです。時には、遊びすぎてセンターで夕食が始まっていたこともありました。

山村留学なしの自分は、考えられないですね。一つはっきりしているのは、体が丈夫になったことです。また、もし、人生をやり直せるのなら、小学校5年生から始めたい、と思う程山村留学は楽しかったです。」

お母さんの話では、担任の先生から「民家の塀の上を歩くのは、危ないから困る」と言われ、かなりお転婆娘だったようだ。また、収穫祭の個人研究では、村の野草マップを作成し、あまりに見事だったので、担任が北安曇郡の小学生研究発表会に出品してくれたという。

東さんは、高校時代に発展途上国で活動し役立つことができる海外青年協力隊に憧れた。高校2年の夏から高校3年の夏までは、カナダに留学した。

大学は、山村留学体験の影響か、農学部へ進学しておられる。

ご主人とは、そこで知り合った。ご主人は、水田の肥料・土壌環境学について研究をしており、その後中国へ留学する。東さんも夫を追いかけて中国へ渡った。情熱家である。22歳から24歳まで中国に滞在し、漢方を学んだ。だが、夫の収入が少なく、生活が成り立たない。これからのことを考え、医学部を受験することを思い立った、と言う。

「人の命に関わることをしたい。中国では、医師は、どこでも必要とされる。」

考え抜いて、「医者になろうと決意した」と語る。日本で医者になることがどれだけ難関で大変なことかよく知られている。いったいどこからそのエネルギーが出て来るのか。結婚し、主婦業をしながら二度目の受験勉強である。よく決心したものだ、と話を聞きながら圧倒された。

「どこの医大がいいか、いろいろ調べた。夫は、鹿児島出身だし、中国を往復するには、九州の福岡近辺に住めば便利だ、と考えた。」

小論文で済む佐賀大学の医学部に絞る。「2回目の受験勉強は、面白かった」、と言われる。おそらく明確な目的意識を持っていたからだろう。「少しは、大人になったかな」、と思ったと言う。入学してから3人の子どもを出産し、子育ては、母親に助けてもらった。臨床実習を2年間行い、1年間は足踏みしたものの7年間でめでたく卒業して、現在福岡の民間総合病院に勤務されている。医学部の同級生は、大学病院に残っている人が多いそうだが、「大学病院は、私には合いません」、ときっぱり言う。総合内科に勤務し、患者の社会的に置かれている立場や家庭状況を見ながら、1人で診断するのではなく、チーム医療として取り組んでいるという。

「山村留学してからの20年間を振り返ると、地元(東京都日野市)で生活していたときより、考え方が自由になっているかもしれません。私自身は、楽しんで生きてきましたが、私の生き方に親は悩んでいたかもしれませんね。母は、娘2人には、可能性を伸ばしてほしい、と言っていましたが。

『子育ては、楽しい』、と母が言っていたので、私も子どもを産みましたが、思った以上に大変でした。勤務先でも配慮していただき、なんとかやっていますが、目一杯やっている、というのが実感です。自分の能力の限界を考えずにやってきたのかもしれません。周りの人々の助けがあったからやってこられたのでしょうね。」

ご両親の話も史子さんの話を裏付ける。「史子は、『お母さんが、子育ては楽しい、と言っていたから、私は、３人の子どもを産んだのに』と言いますが、世間知らずですよね。山村留学で何かを学んだのでしょうか。史子には、パワーがありました。子育てをしながら医学生なんて、どうなるのかと、思いました。」と語られた。

山村留学の体験は、子育てや躾にも生きている。「私は、食べ物を残すことに罪悪感があります。今の社会は、ものの価値を教えるのがたいへん困難です。お腹がペコペコになることはありません。保母さんに聞くと、昼食時間は、15～20分間くらいで、ゆっくり食べさせてもらえないようです。夕食に出した食物をキチッと食べさせるのは難しいですが、努力はしています。」

ご主人も最近は、安定して仕事ができるようになり、経済的にも楽になってきたので、「自分の子どもは、山村留学に出したい」と話された。

一度大学を卒業し、25歳から受験勉強をやり直し、医学部に合格。母親に手助けしてもらったとはいえ、子育てをしながら医学部を卒業し、医者になったという生き様に私は、ただただ圧倒され、驚くばかりだった。いったい、何が、このような生き方を可能にしたのか。

東さんの常識にとらわれない自由な発想、やってみたいと思うことは諦めないで取り組む行動力、「なりたい」という強い思いが道を開く大きな原動力になったのではないだろうか。その基盤となるのは山村留学で得た「生きる力」だったのだろう。

北沢愛《めぐみ》さん（旧姓多田）

八坂学園13、14期
小学5、6年生時
（1988、89年）留学
33歳　専業主婦
八坂山村留学センターにて

八坂で結婚・子育て・定住第1号

約束の10時に子どもを連れてセンターの玄関に来られた。「子どもさんを連れて来られるのなら自宅にお伺いしましたのに」、と挨拶すると、「家の場所が分かりにくいですから」と言われる。1歳半の、可愛いさかりの男の子の青空君だ。インタビューの間は、むずかることなく、お母さんの膝にすわっていた。

北沢愛さんは、八坂の山村留学生で、初めて、八坂村で働き、結婚・子育てをし、村に定住されている。山村留学後親子で定住した方や、村の人と結婚し都市部に住む山村留学生は他にもいる。

京都に住んでいたが、小5の1学期にたまたまテレビで放映された山村留学の番組で、牛の世話をする子どもの姿が映った。それに憧れて、母親がテレビ局に電話して、「育てる会」を教えてもらったという。5月連休に八坂を訪問すると、夏休みの2週間の短期行事に参加してみたら、と助言された。

愛さんは語る。

「この短期行事は、親から離れた生活と行事の面白さから、いっぺんに気に入りました。

当時の私は、朝起きて、朝食を取り、学校へ行く、授業をうけ、クラブ活動をし、下校すれば塾に行く。帰宅して風呂に入って寝る、という決まりきった生活にアキアキしていました。塾に入っていないと変人扱いされる、といったことに強い違和感を持っていました。」

丁度その頃、八坂小の5年生の学級で、女子児童3人と担任の女先生との間でもめ事があり、担任が登校拒否状態にあった。新しい風を入れた方がいいだろう、ということになり、特例で、小5の2学期から山村留学することになった。

初めは、「面白そうだから、いいだろう」と言っていた両親は、八坂村を見て、「本当にこんな田舎で暮らせるの？　親元を離れて生活できるの？」と言いだし、住民票を八坂村へ移すことになってから心配しだした。母親の心情としては、やむを得ないのかもしれない。

愛さんに山村留学の話をしてもらった。

「切久保集落の入り口にお堂があり、そこに、もみじの木が植わっていました。真っ黄色に染まって『きれいだなぁ〜』と思っていたら、2、3日後に真っ赤になり、その美しさに驚きました。20年後の今でもその情景が、鮮やかに思い浮かびます。八坂村に住むようになってから4年経ちますがあのような美しい紅葉はまだ見たことがありません。

布団がたためないし、箸も正しく使えなかったのですが、小2の子どもができているのを見て、自宅では許されても、世の中に出たら通用しないことを身にしみて感じました。

たとえば、京都では、戸を少し開けたまま室内へ入っても、なんとも思わないのですが、八坂では戸が開いているととても寒いのです。自分中心に生きてきたことを反省しました。集団で暮らしていくためには、お互いに協力することの大切さを教えてもらいました。」

「預かり農家は、1年目は、小菅の丸山さん、2年目が、切久保の勝野大さんでした。すぐ寝るタイプで、入園当初の9月は、通学路が長く、疲れて、農家でもセンターでもグッスリ眠りました。農家では、夕食も食べずに寝ていたこともありました。

動作がゆっくりで、通学では、センターを出る時や農家を出る時は、皆と一緒なのですが、何時の間にか友達が見えなくなるのです。

学校は、少人数で、先生方が、全員の名前を覚えていて、下の名前で呼ばれるのが新鮮でした。

困った時は、親が相談相手でしたが、八坂では、まず、自分で考え、次に山村留学生に相談します。時には、時間が解決することもあります。大人になってから人間関係の難しさに出会った時、山村留学していた時の方が強かった、と思うこともありました。

仲が良いからといって同じ農家になるとはかぎり

ません。でも、子どもは、柔軟性があり、適応が早いように思います。

喧嘩した時は、自分から謝ることもあれば、誰かが仲立ちして仲直りすることもありました。

当時は、村の子どもも山村留学生も自分の意志を持っていました。都会の子どもは、すぐ周りに影響され、流されているように思います。

2年間の山村留学をして、親のありがたさを強く感じました。田舎暮らしを体験させてやりたい、と考えた親のやさしさを感じます。」

愛さんが、修園してから、「八坂」に住みたい、と思った動機を聞いた。

「村の人々は、一回目は、『どこのどなたですかね。』だが、二回目からは、『元気だったか、どうしていただ』と親しみを込めて話してくださり、人情味があります。

八坂では、余分なものが無くて落ち着きます。」

「修園してから、京都で暮らしていましたが、毎年行きたいなぁと思った時に八坂村を訪れ、預かり農家の丸山さんや、勝野大さんの家に泊めてもらっていました。

高校を卒業する頃に、八坂の同級生から、『看護師や保健婦の資格があると八坂村で採用してもらえるかもしれない』という話を聞いたのです。

最初は、ヘルパーの資格でいいか、と思っていましたが、兄が看護師の資格をとったほうがいい、と助言してくれ、千葉県の看護師養成の専門学校に進みました。3年間千葉県でお礼の勤務をしてから、念願の八坂村へ、看護師・保健婦として採用していただき住むことになりました。千葉県で働いている時も、時間があれば八坂に来ていました。しばらくご無沙汰していると、『最近来ないがどうしているだね』と農家さんから電話がかかってきました。村に住むようになってから、今の夫と付き合うようになり、結婚しました。今は、専業主婦です。(その後、職場に復帰された)

都会の子どもは、自分を出す機会がほとんどない、と思うのです。一日のスケジュールがびっしり詰まっていて、束縛されている時間が多い。八坂村にいる時は、自分を表現する機会があります。子どもの本質は、都会も村も全くかわりはない、と思っています。

今、子育ての真っ最中ですが、山村留学の時に学んだ生活の基本（躾）を自分の子どもに伝えています。」

出されていたお菓子を青空君が手にとる時、「いただきますと言うのよ」、と言い、インタビューが終わって帰る時、「いただきましたと言いなさい」と教えておられた。北澤さんの話を聞いて山村留学で学んだ基本的な生活習慣や人間関係が、親になって大きく出ていると思った。

池田今日子さん

八坂学園10期生
小学4年生時（1985年）留学
36　歳　Nationa Center for・AtmosphericResearch ,Research Applications Laboratory 大気調査国立センター勤務
アメリカ合衆国・コロラド州デンバーの喫茶店にて

海外雄飛

育てる会の山村留学修園生とその保護者へのインタビューを始めたのは、2004年10月からだ。2番目に訪ねたのが、池田今日子さんの母・庭子さんだった。そのお話の面白かったこと！　特に、「小学4年生にとって、長野県は外国に留学しているのと同じだったのです」という言葉が印象に残っている。姉妹の山村留学の様子も興味深かった。しかし、姉さんは、転職するために、看護学校入学の試験勉強に専念されていて、会えない。今日子さんは、ア

メリカに住んでいて会えないことがわかり、インタビューは諦めた。しかし、2007年、私の娘がカナダへ留学したので、カナダへ行った時に会いたい、と思った。2007年9月7日、アメリカ・コロラド州デンバーの空港で池田今日子さんと会うことになった。

「山村留学に行った理由は、冬の短期行事に姉妹で行き、すごく面白かったからです。母は、初め、姉を出すつもりだったようですが、『私も行きたい』と言ったので、姉妹で行くことになったのです。

山村留学の思い出は、『おやつ』です。甘い物に飢えていたのでしょうか。

家では、『鍵っ子』だったので。学校から帰宅した時に待ってくれている人がいたのがうれしかったですね。友達と一緒にいるのもよかったです。同級生のNさん、Oさんの3人でよく遊び、よく遅刻しました。姉から『今日も遅刻しただろう』とよく言われました。学校までの通学は、楽しかったですよ。

山村留学で学んだことは、自分で生きる、生活する、というサバイバル精神が養われたような気がします。洗濯する、食器を下げて洗う、布団を敷く・たたむ、片付ける、挨拶する等、基本的なことを学びました。

山村留学は、自分の居場所があって、誰にも拒否されない、安心できる所だったと思います。」

池田今日子さんの面白さは、むしろ山村留学が終わってからである。

小5、6は、地元にもどったが、中学校になって、イギリスの私立中学校へ留学した。お母さんは、「学費が安いから付属中学校へ行ったら」と勧めたようだが、決まり切った人生を歩みたくない、と考えた今日子さんは、姉が、イギリスへ留学したこともあって、行くことに決めた。しかし、この留学は、かなり厳しかったようだ。

「イギリスは、1988年当時でも、人種差別や貴族感覚が強かったですね。日本人を、『イエロー』『黄色人種』と見ており、人種差別を実感しました。初めは、英語が話せないし、友達もできないので、シャイ(世の中をななめに見る感じ)になりました。『目がつり上がっている』とも言われました。」

しかし、池田さんの凄さは、この体験を肯定的に捉えていることだ。

「この1年間は、無駄ではなかった、と思っています。他の人とは、違う体験ができたこと、英語がしゃべれるようになったこと、返事がハキハキできるようになったからです。ただ、授業はついていけませんでした。

このままでは面白くない。ここで諦めてはいけない。これからのやり方で、見えてなかったものが見えてくるかもしれない、と考えたことで、次のアメリカ留学に繋がりました。」

静岡で中2、3をすごし、留学試験に合格してアメリカ・ミネソタ州の高校へ留学した。アメリカにしたのは、姉がアメリカ留学したことがあるのと、映画『スタンド・バイ・ミー』の影響だという。（筆者註：1987年米映画、ロブ・ライナー監督、少年時代を回想、アメリカの田園風景と少年時代の心象風景が描かれている）

「留学先は、人口17000人くらいの町で、寮とホームステイが1ヶ月交代でした。いろいろな人種の方と生活し、アメリカ人との関わりも良いものがありましたが、他の国の人々との関わりが重要だったように思います。世界観が生まれ、アメリカの社会も見えてきました。

2年目は、ノースダコタ州の人口100人以下という小さな農業集落に送られました。そこは、私が初めての外国人でした。私は、そこで東洋人に対する偏見を経験し、とても寂しい思いをしました。アメリカ原住民の集落が近くにあったのですが、彼らに対する偏見や嘲笑いなどを目の前で見ました。寂しさと誰に向けてよいか判らない悔しさで、毎晩1人で泣いていました。

私が描いていたアメリカンドリームは崩壊し、私の目でアメリカそのものをしっかりと見つめ理解していくことが大事だと思うようになりました。それがまた、日本と日本人を深く見つめ直す機会にもなりました。アメリカの大学に進もうと考えたのも、『ここで引き下がっては今までの努力が水の泡。負けたくない』と思う気持ちと『これがアメリカの本当の姿ではないはずだ』と思ったからです。3年目は、1年目にいたミネソタ州の高校に戻りました。

高校がアメリカだったので、そのまま、アメリカの大学を受験し、コロラド州デンバーのコロラド大学国語科に入学しました。」

アメリカの大学は、3ヶ月夏期休暇があったので、今日子さんは、日本へ帰国して、各種のアルバイトや、英会話の講師をして、学資と生活費を稼いだ、という。不足分は、母と祖母が補ってくれた。一時期、教職に就きたい、と思い、東海岸の大学へ移ろうと考え実行したが、うまくいかず、再度コロラド州に戻って、コロラド大学の同じ敷地にあるメトロポリタン大学の気象学の学科へ進んだ。これは、ミネソタ州で暮らした時に、空が広く、前線の境界や雨の降っている境界もはっきり見分けがつく、という体験があったからだ、という。

「前線の境界がはっきりするのはなぜなのか、その謎を解きたい、というのが動機だったように思います。小さいクラスだったこともよかった。NCAR（筆者註：日本でいうと、つくば市にある気象庁研究所のような機関）にアルバイトに行きました。教授が20人くらいいた学生の中から私を推薦して下さったからです。NCARで上司の女性教授に推薦してもらって正職員に採用されました。この機関には、1500人くらい働いています。」

アメリカ永住権は、学生時代に一度結婚された時に取得された。現在は、NCARで研究員として雲物理や気候変動に関する研究をしておられる。

「修士号を取ったので、次は、博士号を取り、①他の人を助ける役割を果たす、②知識を持つことを目指します。留学、大学卒業はゴールではなく、スタートだ、と思っています。この考えは、母が、『1人になっても困らないような人になりなさい』という教えが生きているのでしょう。この仕事で終わるつもりはありません。次は、アフリカへ行って人々を助ける仕事がしてみたいです。」

最後に質問してみた。「山村留学で得た最も大事なことは、何ですか」

「基本的生活習慣を身に付けたことです。これが、身についていたからこそ、どこに留学してもやっていけたのです。」

以上、11名のインタビューは、（財）育てる会発行の月刊誌「育てる」に２００９年４月号、２０１１年１月号から12月号まで連載したものである。一部修正をしている。

【五】全国の山村留学地

全国の山村留学地をいくつか紹介したい。
30ヶ所へ、原稿を送って掲載の承諾をお願いしたが、3ヶ所は掲載の許可がいただけなかった。特色ある山村留学地だっただけに残念である。1ヶ所は対象者が高校生以上になっていたので掲載できなかった。1ヶ所は、2015年3月末で廃校になり、山村留学が終了した。承諾をいただいた25ヶ所は、原稿を校正していただき、ここに掲載することができた。

一、併用式[※1] 7ヶ所

「山村留学」を1976年に始めた「育てる会」が、初期から行っていた一ヶ月の内、半分は受け入れ農家、半分はセンターに泊まるという方式である。「育てる会」は、元々、3泊4日または4泊5日の農家宿泊野外活動から出発している。

その利点は、次の点が挙げられる。

☆センターでは、

①多様な野外活動を行うことができる。

②学年の縦割り子ども集団の生活が体験できる。たとえば、中学生が、小学生の手本になり、異年齢集団で学び、遊べる。

③食べ物の好き嫌いがなくなることが多い。

☆農家では、

①農家の生活文化や農山村の年中行事と文化を体験できる。

②疑似家族体験ができ、ホッとくつろげる。

③父さん・母さんの働く姿を見ることができる。

④「他人のメシを喰う」という体験ができる。

併用式は、「育てる会」の6学園と長野県北相木村だけである。但し、あとで述べるセンター方式の山村留学地で、週1回または月1回、農家や地域家庭に宿泊させている所もある。

「育てる会」の直営・受託運営6学園には共通した特色がある。

(1) 教育理念[※2]

青木孝安氏が考えた教育理念は、

〝自然の中で暮らし、活動することによって、子どもが、自分のもって生まれた個性にめざめ、自信を持ち、それを嬉々として自分の力で育てていくことである〟

この教育理念が確立していることに、最大の特色がある。

具体的に書くと、
村の中で暮らすことによって
ア、車社会から離れ、自らの足で歩く
イ、お金を使う生活から離れる。
この二つを基盤にして
子どもの自主性を尊重しながら、
①欲求不満耐性を育む（我慢する力）
②子どもの自立心の育成
③基本的生活習慣を身に付けさせる
以上三点を育成する。

（2）教育・活動内容

運営形式は八坂学園・美麻学園（長野県）は、（公財）「育てる会」の直営で、大岡ひじり学園・売木学園・三瓶こだま学園・神河やまびこ学園の4学園は自治体が運営し、施設管理を行い、「育てる会」が教育活動を受託して行っているが、教育の内容・指導方法は、共通している。例えば、「朝のつどい」は、6学園共通で行われている。

（3）農家会合

受け入れ農家に、月1回、センターに集まってもらい、山村留学生のセンターでの様子、農家での様子について情報交換や意見交換をしている。農家が山村留学生の指導で何か悩みがあるときは、お互いに知恵を出し合い、経験豊かな農家から助言してもらう。

（4）欲求不満耐性（我慢する力）を根付かせる

「育てる会」は、現金、携帯電話、漫画、コンピューター・ゲームを禁止している。既製のお菓子はなるべく出さず、地域で取れる果物等をおやつとして出す。

テレビはセンターでは見ることはできないが、受け入れ農家では、父さん母さんと話し合って、時間を決めて見ることができる。

6学園は、集落の中で店・自動販売機がない所に開設されている。

実親との連絡は、原則としてはがきで、緊急の時だけ、電話の使用が認められている。

つまり、我慢する力を身につけることも教育目標の一つにしている。

（5）稲作と一坪百姓

6学園は、稲作は、田おこし・畦づくり・代掻き・田植え・水田の草取り・草刈り・稲刈り・脱穀と4月から10月まで農作業に取り組んでいる。水の管理は、専門の農家に協力してもらっている。（売木学園は、指導員が管理）

一坪百姓は、希望する山村留学生にある区画の畑を持たせて、自分の好きなものを栽培させる。「収穫」するだけではなく、一から作業する。（山村留学2年目以上の山村留学生にさせる所もある）

（6）収穫祭

11月に、収穫を自然の神に感謝する行事があり、農作業の暦の発表、個人体験発表、和太鼓演奏、民舞、民話劇などを山村留学生が行っている。

文化行事をしている山村留学地は他にもあるが、個人体験発表を実施しているのは、育てる会6学園と北相木村の山村留学だけだ。

（7）保護者会

「育てる会」では、保護者会が組織されている。「育てる会」では、センターに保護者が集まった時に会議をし、一年間の係分担・会長、副会長、会計、ニュース担当、修園文集担当などを決め、収穫祭での食事作り、模擬店やバザーの分担を決める。その後、飲み会と称して夜遅くまで交流している。また東京・名古屋・大阪でも、本部と各学園から職員や指導員が行き、保護者との懇談や現役・ＯＢとの親睦会が行われている。

保護者会が年間を通してあるのは、育てる会の教育理念を保護者の側から理解し、あとから入園されて来た保護者に伝える役割を果たしている。実際、私も先輩の保護者から「育てる会」の教育理念を教えていただいた。（全国の山村留学地でも行事の時は、参加された保護者が交流することはあるが、全国を調査してみると、意外に保護者同士、保護者全体と指導員たちの交流をしていない所があった）

保護者は、子どもが修園してからも、その集落・地域に深い愛着を持ち、訪ねたい、と思っている。その結果、八坂・美麻学園では、２００７年より、センターのある切久保地区住民の方々と一緒に棚田を復活し、稲作を共に行っている。これは、保護者会が発展した形である。

(8) 食育

全てのセンターに食育担当職員を配置している。

「育てる会」は、単に食事を作るだけではなく、

①山村留学生が本物を味わうことに力を入れている（旬の野菜、山菜、北海道の鮭という風に）

②食事の作法を教え、指導する。

ア、「命（植物・動物）」をいただいていることに感謝していただく（食事の前後に10秒間黙祷）

イ、いくつかの学園では、箱膳を使用して、正しい姿勢で食べる。

ウ、まんべんなく順番に食べる。

エ、多すぎると感じたら、食事前に減らす。（出されている大きい皿に移す）

オ、都市の児童生徒がほとんど知らないような食材を出す（例：さるなし、アケビ）

カ、地域の人が持参した食材は、必ず紹介する。

(9) 学園通信

毎月発行し、子どもの様子、取り組んだ行事などを載せている。保護者・受け入れ農家・学校・関係する所へ配布や郵送をしている。

※1：併用式については、私は次のように考えている。山村留学生が、1ヶ月のうち、10日から2週間は、受け入れ農家・里親宅で暮らし、残り20日から2週間をセンターで暮らす。

※2：全国の山村留学地を訪ねると、いくつかの山村留学地では、教育理念を確立しているものの、

ア、廃校・複式学級を避ける、

イ、市、町の過疎地域、村を活性化させること

を目的にして開始された所が多い。

1 八坂学園

八坂・美麻学園“やまなみ山荘”

長野県・大町市（旧八坂村）	
最寄駅：	ＪＲ大糸線信濃大町駅
ＴＥＬ：	八坂学園 ０２６１・２６・２３０６
巻末資料：	A-21 番

山村留学発祥の地

１９７６年、日本で初めて1年間を単位とする山村留学が（財）「育てる会」の青木孝安氏によって、八坂村（現大町市）で始められた。山村留学発祥の地である。

八坂学園は、長野県大町市八坂の切久保集落、標高９００ｍの（財）「育てる会」が建設した「青少年野外活動センター」にある。

正面には美ヶ原、左前方には八坂で一番高い大姥山が見える。開設された当時の村の人口は、約１５００人だった。

八坂は、名前のように坂が多く、落葉広葉樹が多い。開設当時の八坂村には、２つの小学校があり、児童数は十分いたので、「山村留学」は、純粋に青木孝安氏が理想とする〝教育理念〟による教育活動だった。

毎年16～23人の山村留学生が来る。

長い通学路

全国の山村留学地を調査したが、八坂の通学距離が一番長い。センターから小学校まで４㎞、中学校まで６・５㎞もある。「村の人の車に乗せてもらわない」のがルールで、雨や雪の日は、小学校低学年の児童にとっては、かなりきつい。

長い通学距離の目的は、ア、車社会から離れ、人間の身体能力の基本である歩くことを重視し、脳の活性化をはかり、

イ、お腹をすかせて食事をきちんと取る、
ウ、自然にゆっくり触れさせるためである。

教育者としての受け入れ農家

39年間、山村留学が行われ、最初の2、3年は、山村留学生を「お客さん」扱いをしていたが、その後は山村留学生の親として、立派な教育者になっている。[※1] そのことを、農家会合を通して新しい受け入れ農家にも伝えている。1軒の受け入れ農家で3～6人の山村留学生を預かる。「育てる会」の他学園では1～2人である。[※2]

諏訪義十さん（右）・あき子さん（左）
（画：奥村万希子）

諏訪義十さん・あき子さんご夫妻は、1976年の開始から2014年3月まで連続38年間受け入れ農家をされ、200名近い山村留学生を預かった。全国で最長の受け入れ農家である。義十さんの山村留学生を見る眼と厳しさ、あき子さんの包容力は子ども達を良い方へ導き、成果をあげられ、教育者としての受け入れ農家の典型像を創られた。

多人数集団

八坂学園は、美麻学園と同じセンターで生活しているので、25～35人くらいの大きな集団になる。人数が多い縦割り集団のため、人間関係で鍛えられ、学ぶことも多い。

中学2、3年生に優れたリーダーがいると見事な子ども集団が形成される。このことは、併用式やセンター方式にも共通している。

農山村の生活と文化を学ぶ

切久保集落のお祭りや年中行事（お正月のとんど焼き、鳥追い、暮れのしめ縄作り等）に参加する。食文化では〝おやき〟や〝ゾバ〟をつくる。

国際交流

2009年から毎年、文科省の助成を受け、タイ、韓国、ベトナムの中学生・高校生・大学生がセンターに宿泊し、山村留学生との交流が行われている。

生活時間帯と活動内容

5：50	起床
6：15	ラジオ体操 朝の集い
7：00	朝食
7：10	登校
16：30	センター帰着 入浴
18：30	夕食
19：20	掃除
21：00	就寝（小学生）
22：00	就寝（中学生）

体験活動

自然体験：夏山登山・スキー・ヨット・一人キャンプ・釣り・旧八坂村徒歩縦断
農業体験：味噌造り・畑作・茸の植菌・炭焼き
民俗行事：切久保集落の神社のお祭り、とんど焼き

コミュニティースクール

①地域の人と八坂小・中学校教職員が、共に特色ある学校作り・学校運営に関わる
②同時に八坂地区以外の大町市全域から通学希望者を募集できる
という仕組みである。

修園生が、この地域で就職し、山村留学生時代に知り合っていた八坂の青年と結婚して住んでおられる。山村留学が地域の人口増につながっている。

八坂・美麻学園には、保護者が年5~6回発行する保護者会ニュース「だんこうばい」がある。たいへん珍しい。（2015年6月で188号）

※1：教育者としての里親は、（公財）「育てる会」の山村留学地以外にもおられる。八坂の場合、歴史が長いので教育者としての受け入れ農家が多い。

八坂村入口、山村留学発祥の地記念碑（2009年）

※2：全国調査でも、1軒の里親が1人または2人の山村留学生を預かる場合が多い。

２ 売木学園

売木学園

長野県・売木《うるぎ》村

最寄駅：ＪＲ名古屋駅
そこから車

ＴＥＬ：売木学園
０２６０・２８・２１１６

巻末資料：A-27番

水のきれいな村

長野県の南端にあり、４つの峠に囲まれた、標高１１００〜１２００ｍの高原の村である。

人口約６００人、２８０世帯の小さな村だ。

この学園の特色は、「川遊び」だ。学園の側《そば》には、幅５ｍくらいの川が流れており、20分くらい歩くと、幅も水深もある所へ行ける。道路脇を流れる用水路や川は水がとても澄んでいる。釣りと川登りができる。

学園は、村の北西部の高台にあり、学校までは約３㎞ある。

二番目の学園

村役場三役の要請を受けて、１９８３年に開設された「育てる会」二番目の学園だ。

「育てる会」としては、センター建設のための借入金返済が軌道に乗ったとはいえ、かなり冒険的な決断であった。全国では9番目の山村留学地になる。

苦闘した最初の5年間

全国を回ってみると、多くの学園で、開設してから3〜5年間は山村留学生の指導に苦労している。

なぜなら、課題を抱えた児童生徒が、数年間やって来るからだ。親が指導仕切れず、苦労した末に「山村留学」にたどりつく。「山村留学」について、理解できていない保護者がほとんどだった。

売木学園も、何年間は、学校の職員室に忍び込む、ビールを呑むなど、指導員・受け入れ農家・学校教職員も苦労されている。悪影響は、村の子どもにまで波及した。

しかし、関係する方々の一致協力で乗り越え、村も中止することは考えなかった。

この学園は、30年の歴史があり、全国的にみると、長く継続されている山村留学地の一つである。

例年10〜15人の山村留学生が来ている。

活動内容

自然体験：登山、スキー、川登り、釣り、川で泳ぐ、キャンプ（1人でやる、複数でやる）

農業体験：リンゴ栽培、

民俗行事：白鳥社の春秋の例祭、お練り祭り

受け入れ農家

村の要請で始まったためか、農家の方はもちろん、村長・議長・教育委員長がおられる。魅力的な受け入れ農家があり、村全体が、家族的な雰囲気である。

ある年に、受け入れ農家のお父さんが、50代前半で急死され、お世話になったI君（大学生になっていた）は、その知らせを受けて、通夜に実父と共に駆けつけた。受け入れ農家の「父さん」の枕元で号泣した。その様子を見て、実父は「私が亡くなった時、これほど嘆き悲しんでくれるだろうか」と思うほどの泣き方だったという。

この、エピソードは、山村留学生と受け入れ農家の関係がいかに深いものであるかを知らせてくれる。

※：2012年度より、村の直営となって、「育てる会」には教育活動をまかされた。「会」は、指導員を派遣し、野外活動・センターでの生活を指導する受託方式に変わった。

3 大岡ひじり学園

大岡ひじり学園

長野県・長野市（旧大岡村）	
最寄駅：	ＪＲ篠ノ井線篠ノ井駅 駅から市が出すバスが出ている。
ＴＥＬ：	大岡ひじり学園 ０２６・２６６・２０３７
巻末資料：	A-23 番

急斜面を上がった台地に広がる村

旧大岡村は、長野市の南西部にあり、犀川の右岸から500m上がった台地状の所にある。かなり険しい県道を上がる。2004年に長野市と合併した。

1997年に、村教委の要請を受けて、学園が開設された。当時の人口は、1500人くらいだった。

同じ年に、菜園付き住宅も募集し、人口の増加、児童生徒を増やす施策の一環として、山村留学も考えられた。センターは、村の北東部、標高800mの所にあり、これまでの「育てる会」の教育活動実践に基づいて、「育てる会」が設計図案を出し、建設された。木造で特色ある建物だ。

毎年、10〜15人の山村留学生がやってくる。

三つの特色

第一は、カウンセリング・マインドを重視している。山村留学生の心をつかむことは、「育てる会」7学園の中でも一番だと思う。山村留学生や保護者の中には熱烈な〝ファン〟が多くいる。実際に、修園生・保護者にインタビューをすると、必ず「アオチャンが……」と主任指導員をニックネームで呼び、親しみを込めて話される。

第二は、学園の食堂から見える北アルプスの眺めだ。後に私達夫婦が、学園を訪問した時、妻は、「もし、最初に下見に来ていたら、この学園を選んだと思う」と言ったほど見事な眺めだ。空気が澄んでいれば、槍ヶ岳が見える。

第三は、育てる会7学園全てで行われている表現活動（和太鼓、民舞）発祥の学園である。

この村には、全国でも珍しい民俗伝統わら細工の神面道祖神の面が村で作られている。（下の写真）直径1m50㎝はあるかと思われる大きさだ。長野オリンピックの時、イベントでも紹介されたという。

ワラ細工の神面道祖神（一番右）

活動内容

自然体験：登山、スキー、ヨット、犀川のラフティング、一人キャンプ、日本海キャンプ

農業体験：林業体験

民俗行事：村の子どもと一緒に創り上げるゆめっこ祭り、左義長（とんど焼き）

全国に伝わる民族芸能の伝承・表現活動に力を入れ、近年では、沖縄の楽器である三線や沖縄の踊りを積極的に取り入れておられる。

センター一階のフリースペースには暖炉があり、10月には、保護者のお父さんや修園生、ボランティアが集まって、薪割り活動が行われる。

早稲田大学の『早稲田奉仕園』（早稲田大学に留学に来ている外国の方の宿泊設備）という団体が毎年5月に来て、世界各国の外国人との交流や、台湾から訪れる小学生との国際交流体験がある。

村の子どもと山村留学生合同のお祭りの踊りと行列（ゆめっこ祭り）

4 美麻学園

美麻村と八坂村の境にあたる峠からの絶景

長野県美麻村（現大町市）

最寄駅：ＪＲ大糸線信濃大町駅

ＴＥＬ：美麻学園

０２６１・２６・２３０６

（センターと電話は八坂学園に同じ）

巻末資料：A-22番

進取の気象に富んだ村

かつては麻の産地で、麻に関連した商業・運輸のあった村で、農村の素朴さと商工業の積極性がある。

１９６０年代に、「夏の学生村」を開設し、現金収入を得ていた。

隣の八坂村と違って、平地が多く稲作の面積も広い。２００５年、八坂村と同時に大町市と合併した。

１９９2年に開設され、23期になる。センターは、八坂学園と同じで、毎年、10人前後の山村留学生が来ている。

息を呑む景観

八坂村の北端・美麻村の南端は峠で、坂を少し下ると、北アルプスの鹿島槍ヶ岳と五龍岳が一望でき、冬の晴れた日は、息を呑む美しさだ。（上の写真）

この景観に惚れ込んで「美麻学園」を選んだ、という保護者の声を多く聞いている。

小・中併設校

授業は、小・中別々だが、掃除・給食・学校行事は、小・中合同で行っている。特に運動会は、小・中学生がペアになる種目があり、その光景は微笑ましく、見る人の心を和ませる。

コミュニティースクールになった。（p．１６６参照）

長い通学路

センターで生活している時は、小・中学生共に約

5㎞を歩く。行きは、緩い登りと、峠から下りなので楽だが、帰りは、長い登りになる。下るとバス停があり、そこからバス通学となる。
峠からセンターまでは、深い木立が両脇にあり、日が暮れてから1人で帰る時は、とても寂しい道だ。ある修園生のインタビューでは、10月末、小学4年生で、1人で帰った時に、「真の闇」の怖さを知ったという。

センターは、八坂学園と共用

独自のセンターを作る、という話はなく、最初から、八坂学園と共用する、ということだった。共用は他の学園とは違った良さと、困難さがある。

○多人数なので、人間関係が揉まれる。
○和太鼓・民舞は、迫力がある。
○4つの学校に関わるため、山村留学生が一緒に活動する日程調整は大変だ。（稲作、山村留学生のみの登山等）

活動内容

八坂学園と同じである。

この学園の修園生が結婚して美麻地区に住んでいて、その修園生の父親が喫茶店を経営しコーヒー豆の販売をしておられる。店主は、美麻学園の修園生の娘が勤めている。
育てる会職員だった児玉章さんが、東京から引っ越して来られ、大きな民家を改装して、修園生と保護者のための宿泊設備を開設されている。さらに、2011年からは受け入れ農家も引き受けておられる。

5 三瓶こだま学園

三瓶こだま学園

島根県大田市	
最寄駅：	ＪＲ山陰線大田市駅
ＴＥＬ：	三瓶こだま学園 ０８５４・８６・０７００
巻末資料：	A-38番

珍しく市が取り組んだ山村留学

大田市は、育てる会の山村留学地としては初めての人口の多い自治体だ。大田市の南には国立公園三瓶山があり、学園のある北三瓶周辺は山村で、過疎化に悩んでいた。歩いてみると、軒数の少ない集落が点在している。市街地から約20㎞ある。

１９９２年に初めて「山村留学」が話題になり、１９９６年から夏の4泊5日の短期行事に取り組む。センターを建設し、山村留学を実施する予定だったが、途中で市の財政が悪化し、センター建設は凍結された。２００３年になってようやく完成する。

２００４年から山村留学が始まった。短期行事を始めてから、7年間が経過しているが、「やめよう」という声は出なかった。

２０１４年に開設10周年を迎え、記念行事が行われた。

木造2階建てのセンターは、三瓶山の北山麓、標高５２０ｍくらいの所にある。空気が澄んでいれば、日本海が見える。

例年、10～17人の山村留学生が来る。

特色

1．この学園は、山と海の活動ができるという特色がある。車なら30分くらいで海まで行ける。

2．北三瓶地区は、出雲国と石見国の境界にあたり、全く異なる文化圏が接しているため、山村留学生は、２つの文化圏の内容を体験できる。

石見地方は、〝石見神楽〟が盛んで、センターの近くに地区神楽集団の練習場があり、山村留学生も練習に参加している。

活動内容

自然体験：三瓶山登山、スキー、海の活動（漁、釣り、泳ぐ）三瓶埋没林見学

民俗行事：石見神楽、石見銀山まで歩く、紙漉き

農業体験：炭焼き

熱い地区の人々の支持

２００６年に初めて訪問した。収穫祭に集まった地区の人々、特に2日目の屋台とバザーは、雨だったが、会場中央に大きなたき火を燃して、保護者も地域の人たちも屋台を受け持ち、会場一杯に３００人くらいの人々が集まっていて、驚いた。魅力的な受け入れ農家の方がいる。

市が配置している山村留学担当職員が常駐して、熱心である。指導員・食育担当者と協力して山村留学生の世話をしている。

登校風景

6 神河やまびこ学園

神河やまびこ学園

兵庫県神河《かみかわ》町

最寄駅：ＪＲ播但線寺前駅

ＴＥＬ：神河やまびこ学園
０７９０・３３・００１３

巻末資料：A-37 番

廃校を改修

兵庫県のほぼ真ん中で、姫路の北約30㎞にある。

２００７年に開設された。「育てる会」としては、ここだけ、小学生のみを対象としている。

廃校になった越知谷第二小学校校舎を改修して、山村留学・体験交流館・県民交流広場の３つを併設した「神河町地域交流センター」が建設された。私が訪問した全国の山村留学センターの中では一番大きく、体育館やグランドもある。

体験交流館は、土曜日に喫茶が開かれ、地域の人々が集まる。

センターは、町役場から川沿いに東へ16㎞、地区の中心部の標高約４００ｍの所にある。

センターから越知谷小学校までは、約６㎞で、センターから５㎞は、ワゴン車で送り、その後学校まで１㎞歩いて登校する。下校時は学校から３㎞は歩き、その後２㎞は車で送り、その後１㎞をセンターまで歩いている。

毎年、10人前後の山村留学生が来る。

小学校統合後も続いた山村留学

この地区は、神崎町の時代に、越知谷第二小学校が存続することを願って１９９２年から里親方式による山村留学を実施していた。

しかし、越知谷第二小学校が越知谷第一小学校と統合され、越知谷小学校となり、廃校になってしまう。

里親になる家庭も少なくなり、受け入れ人数に限りがあることから、「里親方式」から「併用式」に転換することを、町教委が考えて、「育てる会」に相談が持ち込まれた。また、越知谷第二小学校があった新田・作畑地区の人々も元小学校に灯りが点ることを願っていた。

小学校が統合されると山村留学は廃止になることが多いのだが、ここは珍しく存続している。

地区の特色

川幅は、数mだが、水が澄んでいる。

製材所が3ヶ所ある。周りは、杉林で、他の町村へ抜ける県道はあるが、町の東端にある最後の集落だ。

活動内容

自然体験：川遊び、登山、スキー

農業体験：三つ叉を採集しての紙漉き、漬け物作り、コンニャク作り、藁細工

民俗行事：生野銀山への歩きと見学

町教委が配置している山村留学担当職員が常駐している。この神河町でも町教委と育てる会職員が同じ事務室で勤務し、行政と「育てる会」が一緒に取り組んでいる。

初代のセンター責任者がとても熱心な方で、その伝統を受け継ぎ、町教委職員と指導員・食育担当職員が協力して山村留学生の指導に当たっている。

「育てる会」の西日本連絡所がここにある。

7 北相木村山村留学センター

食堂から見える八ヶ岳連峰

長野県・北相木村	
最寄駅：	ＪＲ小海線小海駅
ＴＥＬ：	連絡先／山田隆一主任指導員 ０２６７・７７・２３０９
巻末資料：	A-24 番

「育てる会」以外で、唯一、併用式を実施しておられる。

位置

長野県の東部にあり、群馬県に接している。新幹線の佐久平駅から50分くらいでＪＲ小海線小海駅に着く。小海駅から約10㎞ある。

村の様子

村役場は、標高９８２ｍにある。東、北、南の三方は１５００ｍ以上の山々に囲まれ、西のみ開けている。村内の最高峰は、東南東にある御座山２１１２ｍだ。

年間の平均気温は、９・３℃。内陸性気候で冬の冷え込みは厳しく、零下20℃になることもある。

人口は、２０１３年11月１日現在で、男性４０５人、女性４２６人、計８３１人である。その内、１００人くらいがIターンの人々のようである。（２０００年比、２００人減。）

村の中央部を細い相木川が、東から西へ流れ、群馬県境のぶどう峠から西方向に村を眺めると、川沿いの右岸に家が多く並んでいる。

樹木は、唐松が多く、落葉広葉樹は少ない。

高原野菜の産地で、耕地は、川沿いにではなく、川から50～60ｍ上がった川の両岸の台地状の所にある。

経過

1972年には、村の最上流部と最下流部（村の入り口）にあった分教場が廃止され、本校に統合された。

1980年代に入ると、児童数が減少し、複式学級の解消と学校の活性化を模索してきた。1989年には、中学校が近隣町村で統合され一校になったことで小学校PTAと村教委は「何とかしなければ」という強い意識を持つようになった。その頃、北相木小から長野県八坂村の八坂小へ転勤された先生が「八坂小学校では、〝山村留学〟が実施されている」ということを知らせて下さり、〝山村留学〟を知るきっかけとなった。

個人体験発表で山村留学生が作った竪穴式住居

当時の井出元一郎教育長が、「育てる会」青木孝安理事長に会いに行かれた。

助言

しかし、青木孝安氏は、「いきなり、1年間の山村留学を始めるよりも、まず、夏・冬・春の短期山村留学（4泊5日）をしてから考えられたらどうですか」と助言され、1984年から3年間は短期山村留学を実施した。

集落の意見

「低学力の児童が来るのではないか」「いじめる子が来るのではないか」「いじめられる子が来るのではないか」「何か問題を抱えている子どもが来るのではないか」という意見が出されたが、このままでは複式学級になり、最悪、小学校が無くなることもあるため山村留学を導入することになった。

山村留学推進協議会を結成して、村が協議会へ、年間40万円ほど助成した。協議会から旅費が支給され、長野県八坂村（現大町市）・新潟県松之山町（現十日町市）・秋田県合川町（現北秋田市）等へ視察に行き、山村留学の認識を深めていった。

山村留学の開始

1987年に北相木村活性化センター（山村留学センター）が完成し、小学生を対象にした山村留学が始まった。

施設の概要は、鉄筋コンクリート2階建て。
○1階に、食堂・厨房・トイレ・風呂・洗面所・洗濯場、小さいホール・学習室・事務室・子ども部屋（24畳、2015年に活動室を増築予定）
○2階に、子どもの居室と客室（計10室）、トイレ
○外に倉庫などがある。
○食堂からは美しい八ヶ岳連峰が見える。
○センターは、県道から50ｍくらい上がった斜面を整地した所に建っている。
毎年15名前後の山村留学生が来ている。

指導員や受け入れ農家に魅力ある人がたずさわっておられる。

活動内容

自然体験：川遊び、山菜採り、キャンプ、登山、スキー、スケート、ソリ遊び等
農業体験：稲作の全過程、畑作、きのこ植菌、味噌作り
民俗芸能：和太鼓、民舞、沖縄の踊り
基本的生活習慣の習得に力を入れている。
北相木村の特色は、スケートができることだ。

心に響く受け入れ農家・村民の言葉

北相木村は全国の山村留学地の訪問を始めた時に、2番目に訪問した。インタビューの時に受け入れ農家の木次太郎さんから、

「三好さん、学校の役割は、何だと思っているかね？」、と質問された。私は、「知識の伝達・集団生活を学ぶ・心身の育成」と答えると、

「うん、それもある。しかし私達にとって、学校は、〝命〟なんよ。すでに中学校は統合されてしまい、小学校しかない。もし、小学校が無くなれば、村も滅びてしまう。だから、山村留学を始めたのよ。」

この一言が私の心を撃った。そんなに重いものであったのか、と認識を新たにした。もう1人の受け入れ農家さん、さらに1人の村民の方からも同じ言葉を聞いた。

その後、全国の山村留学地を訪ねて行くとき、こ

の言葉を胸に留めて話を聞くようにした。同じことを他の山村留学地の町村民・里親からも聞いている。

その後

「育てる会」は、村との話し合いの結果、2009年度で運営を終わった。

2010年からは村単独で運営している。その年は、3人の山村留学生だけで、指導員もいなかったため、センターは使わず、4軒の受け入れ農家さんが15日間ずつ持ち回りで1年間預かって、山村留学を継続した。

2011年から、2年間は、当時長野県王滝村で山村留学を実施していた企業組合「子どもの森」に運営を依頼して、センターが再開された。現在も村の直営である。

なお、宿泊の形式は、山村留学生と保護者の希望を取り入れ、併用式とセンター方式の2つで行われており、山村留学生・保護者がどちらかを選ぶようになっている。このやり方を、北相木村では、センター・農家選択併用式と呼んでいる。

村・学校・外部の教育団体、そして山村留学センターが協力して北相木村独自の教育環境を目指している。

大きな変化は、2012年から、小学校を継続していた児童に限り、中学生の受け入れを始めたことである。

これは、今後大きく発展する糸口になるだろう。

稲作で、水田に入った山村留学生が「土は、汚い」と言った時、ある里親の父さんは、「お前の食べている米、野菜、肉、卵など、何一つ土と縁の無い食べ物はない。土が、私達（人間）を生かしてくれ、食物を産み出してくれるのだ。」と、本気で叱った。

この一言は日本人が忘れかけている大切なことを教えてくれる。

二、センター方式　9ヶ所

この方式は、

①センターを用意する。（新設、既存施設の改修等）

②指導員を確保する

2つのことを準備しなければならない。従って自治体または地区で話がまとまっても、すぐに翌年から実施することはできない。全国の併用式、センター方式の所を訪問してみると、話が出て3年間くらいの準備期間を経て開始されていることが多い。最短で1年後だった。

☆この方式の利点は、

①ある程度まとまった山村留学生を募集できることである。10名以上は可能である。最も多く預かれるセンターは、指導員を確保できたら30名が可能である。

②地区の活性化を促す。特に高齢者への心の励ましになる場合が多い。

③センターがその自治体・地区の象徴となり、外に向けて自治体・地区をアピールできるし、都市住民との交流が、比較的見えやすい。マスコミの取材も多い。

☆山村留学生にとっては、

①異年齢の縦割り集団の生活が体験できる。

②多様な体験活動ができる

③食べ物の好き嫌いがなくなることが多い。

④農山村文化を体験できる。

という利点がある。

1 瓜幕《うりまく》自然体験留学センター

瓜幕自然体験留学センター

北海道・鹿追《しかおい》町	
最寄駅：	根室本線新得駅 そこからバス
ＴＥＬ：	連絡先 / 留連協会長秋田芳通 ０１５６・６７・２５３３
巻末資料：	A-5 番

町の位置

鹿追町は、十勝平野の北端にあり、町の周辺は、見渡す限り牧草地が広がっている。瓜幕地区は、中心街から、24㎞離れた郊外で、約３００戸ある。地区の北には美しい然別湖がある。

経過

瓜幕の山村留学は、北海道で一番歴史がある。（日高町千坂小学校が北海道で最初の山村留学を始めたが、廃止されている）

１９８８年に始めて、現在まで27年続いている。全国でも20年以上続いている所は少ない。

１９８０年代に入って、中学生が減少し始め、瓜幕中学校の校長先生や町長が憂慮し、山村留学を考えた。

地区住民全員へのアンケートと地区で70数回にわたって話し合った末に、山村留学連絡協議会（略称：留連協）を１９８８年に結成した。

最初の５年間は、里親留学と、親子留学だった。

１９９３年にセンターができると、センター・里親・親子留学の三本立てになった。[※1]

26年間で、４７４名の山村留学生が修園している。

近年は、センター方式と里親方式に6～11名、親子留学では2～15名の山村留学生が来ている。

センターでの生活

起床後ラジオ体操、朝食後登校する。小学校まで約700m、中学校までは約800mある。帰って来ると、夕食・入浴・洗濯・掃除・学習・自由時間となる。

おやつは、無い。小遣いは、月500円である。テレビは、食後から22：00まで認められている。

私は、夕食を一緒にいただいた。手を合わせて、「いただきます」「ごちそうさま」の挨拶。ご飯、味噌汁、野菜のテンプラ、納豆、酢物で栄養のバランスがよく考えられており、デザートは、団子の入ったぜんざいが出された。

4月で始まったばかりだったからか、静かに食べていた。

調理担当のIさんに聞くと、子ども達は肉料理が好きで、魚も結構食べるという。夏休みと冬休み明けは、食事量がガタッと減るそうだ。

夏は畑で野菜作りをしている。当初は、指導員が山村留学生を指導して全員でやっていたが、最近は自由参加にしているため、参加者は少ない。

主任指導員と里親が魅力的な方だった。

体験できること

留連協事業部主催と学校行事で、山菜採り・カヌー・キャンプ・熱気球・乗馬・然別湖星座観察・登山・収穫祭・酪農実習・スキー等が行われている。

保護者の来所

年4回を原則にしている。

入所式　4月（継続する場合、保護者が来ない場合もある）

運動会　6月

学習発表会　11月（小学校）

文化祭　11月（中学校）

退所式　3月（次の年も継続する場合は、保護者が来ないこともある）

山村留学する時は、山村留学連絡協議会と学校の面接と書類審査で決めている。

鹿追町が、財政援助している。

里親の井出照子さんは、「山村留学の効用は、地域の子ども達が、積極的になり、協調性や自立心が養われたことです。また、都会から来た子ども達は、困難を抱えていても、良くなって行き、苦手なおかずも食べられるようになります。」

留連協会長の秋田芳通さんは、子どもさんを瓜幕の山村留学に出し、井出さんが里親だった。それが、縁で、この地に家を建て、家族ぐるみで、東京都から移住し、里親をされている。「瓜幕は、人と自然の良さが抜群です。私達都会の生活者も、住める環境です。おおらかな対応、来た人を拒まない雰囲気がすばらしい。里親は、1998年から、1年に1人引き受け、今年で8人目です。」

奥さんも2年間センターの食事作りをしていたそうだ。

※1：親子留学→家族留学の意味である。各山村留学地に原稿を送って校正をお願いした所「親子留学」の名称で返送されてきた。現地の意向を尊重した。

2 仁宇布《にうぶ》小・中学校の山村留学

仁宇布小・中学校

北海道美深町

最寄駅：宗谷本線美深駅

ＴＥＬ：連絡先／仁宇布小・中学校
　　　　０１６５６・２・４００３

巻末資料：A-9番

位置

仁宇布は、美深町中心部から東北東、23㎞の所にある。５㎞行くと家が全く見えなくなり、両側に深い森が続いている。「迷ったかな」と思うぐらい森の中を走る。30分くらいしてようやく集落が見えて来た。標高２００～３００ｍの山に囲まれた草原で、家が点在している。家族留学の住宅六戸や教員住宅を合わせて30世帯、人口70人くらいの小さな集落である。

国道40号と道道の分岐に山村留学の看板が出ている。

経過

小・中併設校を訪ねると、林晃淳校長先生、本多博行教頭先生、山村協会長の蓮沼優裕さん[※1]が出迎えて下さる。

１９６４年頃から、人口減少が目立ち始め、１９７６年児童福祉法を活用し、里親制度[※2]を導入し、里子として預かり学校へ通わせた。

ところが、養護施設でも学齢児が減少して、児童の受け入れが不可能となる。その時、地区の農民の方が「日本農業新聞」を持って来られ、〝山村留学〟の記事を見て当時の学校関係者や蓮沼さんが「これだ！」と思ったという。

山村留学の始まり

北海道日高町の千栄《ちさか》小学校や、長野県八坂村を訪ね、山村留学の運営方法を学んだ。

地域の人々の意見は、さまざまだったが、地域の灯を消したくない、地域の文化センターである学校を失いたくない、という切実な思いでした、と話された。

1990年、山村留学制度推進協議会（略称：山村協）が発足して、センター方式で山村留学生を募集することになる。

1991年に山村留学がスタートして、24年間で1都2府25県より294名、毎年平均して12名が来ている歴史のある山村留学地である。

受け入れて見て
①課題を持って来る。
②自然を身近に感じて帰る
③アトピーが直る
④不登校だった子が、毎日通学できるようになる。
⑤児童・生徒一人一人が、役割を持って生活し、自信を持つ
など、山村留学に来た子ども達は、よくなっていると話された。

その理由として、
①町の中心から23㎞離れている。
②豊かな自然があり、他は何も無い。
③教職員が一人一人を丁寧に見ている。
④地域の人たちの子ども達への愛情ではないだろうか、と言われる。
取材当時の林校長先生、本多教頭先生、蓮沼会長さんは
①少人数学級による、行き届いた教育
②情操教育
③豊かな自然
④友達
が大切と語られた。

センターでの生活（近年は、ホスターホームと呼んでいる）

6時20分起床、洗面と布団をたたんで、ラジオ体操をする。

7時40分くらいから登校。学校まで700mくらいある。

18時に夕食を食べ、その後入浴する。

21時には、自分の部屋に行く。
2014年は、
ホーム留学生：6名。ホーム指導員のもとで寮生活。
親子留学：6家庭8名。保護者と共に仁宇布で生活し学校へ通う。

ホスターホームでの生活のルール

（1）生活の目標
○明るく元気な生活をする。
○なかよく助け合い、おもいやりのある生活をする。
○自分から進んで学習や活動に取り組む実践力を養う。
○健康な身体と意志を養う。

仁宇布地区の様子

（2）放課後の生活
○四季の変化に従い、ホーム生同士、またホーム生以外の児童生徒と共にスポーツをしたり、植物や昆虫採集など自然を生かした活動を行う。
○少なくとも中学1年生は、1.5時間、2年生は、2時間、3年生は、3時間の自主学習を行う。
○テレビ・室内ゲーム・歓談などを通して交流をはかる。

（3）土・日曜日の活動
身の回りの整理整頓・点検
○少なくとも、中学1・2年生は、1日4時間以上、3年生は、6時間以上の自主学習を行う。
○自然の美しさや厳しさを体験したり、町の各種イベントに計画的に参加したり、近隣の市町村の施設見学を行うなど、豊かな感性や創造力、研究心を育て、自立心を養う。

ホスターホームのきまり
○指導員の言うことを聞き、ルールを守る。
○週1回、全員でミーティングをする。問題が起きた時は、臨時に行う。
○体調が悪くなったら、必ず指導員に伝える。
○食後、自分の食器を洗って、後片付けをする。

○毎週金曜日の夕食後、リーダーを中心に話し合いをする。
○21時以後は、自分の部屋で過ごす。
○冬季は、登校前に自室の暖房を止める。
○2人部屋が2室、1人部屋が6室で、10名が定員
○月1回、名寄市へ買い物に行く時に、1000円持たせる。（月3000円が小遣い。日常は持たない）
○テレビは平日は9時まで、休日前と休日は10時まで見せている。
○山村留学生が病気の時は、町中心にある病院へ行く。

体験活動

○センターの活動
松山牧場搾乳体験、筏下り、作物栽培、収穫祭、スキー学習、歩くスキー遠足（旧仁宇布スキー場等）
○仁宇布自治会主催による活動
研修旅行、町民運動会、ハロウィン、餅つき、
○学校の活動
チャレンジ隊による様々な体験活動（総合的な学習の時間）

保護者に関わること

○保護者は、最低年3回（4月入校式、6月運動会、10月文化祭）、中3は、最低年4回（4、6、10月同じ、3月卒業式）、仁宇布に来てもらう。
○学校通信は、遠い所は郵送している。
○受け入れは町教委・学校・山村協三者が面接をして決定する。
町が財政援助をしている。

※1：蓮沼さんには、本当にお世話になり、インタビュー後、センターへの案内・紹介、地区の様子の話などを聞かせていただいた。
※2：旧厚生省、現厚生労働省管轄の両親・保護者がいない児童・生徒を養育する施設から里親として子どもを預かる。

3 かじかの里学園

かじかの里学園

群馬県上野村	
最寄駅：	JR 高崎線新町駅 そこからバス
ＴＥＬ：	連絡先 / かじかの里学園 ０２７４・５９・２１３７
巻末資料：	A-17 番

位置

群馬県南西の端、県境のぶどう峠をはさんで、長野県の北相木村と接する。

ＪＲ高崎線の新町駅からバスで、約2時間だ。（２００４年に湯の沢トンネルが開通してから、上信電鉄が、下仁田駅まで、1日4往復乗り合いタクシーを運行している）

日航機墜落現場の御巣鷹山のある村と言った方が分かりやすいかもしれない。

センターは、役場から、さらにバスで15分くらい行き、楢原トンネルを抜けた所で下車。バス停から、坂道を上がり、南向き斜面の狭い台地状（標高約７００ｍ）に建っている。〃かじかの里〃と書かれた看板があるので、すぐ分かる。

かじかの里学園の周辺の様子

村の様子

落葉広葉樹が多い。初夏の若葉、秋の紅葉が美しいだろうと想像する。聞く所によると、戦後、木材が不足していた時、成長の早いカラマツの植林を当時の農林省が勧めた。しかし、村長は、自然林のままが良い、と判断して、保護したという。それが実を結んで、美しい景観を保っている。

2000m級の山々に囲まれ、森林が村の面積の94%を占める、典型的な山村である。村の中央を神流川が流れ、V字谷の川沿いに点々と集落が形成されている。

人口は、約1300人で減少の傾向にあるが、村の政策により、Iターンの人々が200名くらい定住している。

経過

1990年「これからの上野村は、どうなるのか」という論議がされた。子どもは減って行くが、村には、子どもの〝力〟が必要である。子どもの声は、村を活気づける。村内には高校が無く、高校生になると、みんな村外に出ていくため、
①都市で暮らしている子ども達に来てもらって、自然の美しい、空気のきれいな村でのびのびと、情操豊かな、感性を持つ人に育ってほしい。
②村の子ども達は、高校生になると、村外の親御さんの世話になっているのだから、村外の子どもを村で預かって世話をして恩返しをしてもいいのではないか。
山村留学を始めるに当たって、当時の黒澤丈夫村長は、「地域の子どもも山村留学生も日本の子どもとして育ててほしい」と発言された、と言う。

この②と村長の考えは、とても個性的で、特色がある。全国の中でも、山村留学をするに当たって教育の目標を明確に、広い視野で打ち出している数少ない所だ。

山村留学に向けての準備

準備期間として2年をかけた。長野県八坂村（現大町市）・福島県鮫川村・愛知県富山村（現豊根村）等を見学し、村の山村留学発足委員会で考えた結果、「センター方式」だったら、長く続くのではないか、と考えられた。

山村留学の開始と推移

1992年から受け入れを開始。

対象学年は、小1～中2で、継続生に限り中3を受け入れている。

指導員は5名、補助員が2名いる。

山村留学生は、22年間、毎年10名を越えている。20名を超えた年度もある。年によっては、継続生が多くて、新規に、5〜6名しか受け入れができなかったこともあった。

出身県は、関東地方が多い。[※1]

小学校は、バス通学で、中学校は、センターから700mぐらいで、歩いて行く。

施設

元小学校校舎だった建物を改修してセンターにしている。

○山村留学生居住室4室（男女比を考えると最大25人受け入れ可能）

○学習室・救護室・食堂兼談話室兼各種作業をする部屋・厨房・工作室・風呂（一度に10人入れる）・トイレ・洗濯室・資料室・宿直室・機械室

○屋外に、野外炊事場・野外広場・スポーツ広場・飼育小屋・畑がある。

活動内容

基本的生活習慣：早寝早起き・挨拶・調理・食事作法・掃除洗濯等

自然体験：魚釣り・川遊び・登山・キャンプ・スキー・スケートなど

農業体験：農作業・動物飼育等

民俗行事：中正寺火渡り・ふるさと祭り・ドンド焼き・木工・草木染め・和太鼓演奏等

基本的生活習慣の習得に力を入れている。特色は、山村留学生自らが当番制で、毎日の食事作りをしていることだ。これは、長野県泰阜村の〝だいだらぼっち〟の影響を強く受けているという。

①『ありがとう』の気持ちを感じ、伝えよう！

②自分のことは、自分でしよう！

③自分のことを知ろう！

④仲間と協力して生活しよう！

⑤好奇心や冒険心をもって生活しよう！

⑥村の一員であることを忘れずに！

この6点を大切にしている。

※1：関東地方の山村留学地は、この〝かじかの里〟と山梨県に3ヶ所あるだけ。

4 暮らしの学校・だいだらぼっち

“だいだらぼっち”の施設の一つ

長野県泰阜村《やすおか》	
最寄駅：	ＪＲ飯田線温田駅
ＴＥＬ：	連絡先／暮らしの学校・だいだらぼっち ０２６０・２５・２８５１
巻末資料：	A-25 番

位置

泰阜村は、長野県南部の天竜川左岸（東側）に位置する。山村留学センターは、ＪＲ飯田線温田駅からタクシーで10分くらいの所にある。

村の様子

天竜川の河岸段丘の上にあり、場所によっては、中央アルプスが見える。

人口は、約２０００人で、19の集落がある。

役場は標高約８００ｍで、天竜川河畔から分外《ぶんがい》山山麓まで標高差が４５０ｍあり、居住地は、この間に分布する。

常緑樹と落葉樹が混生しており、カタクリが自生する。積雪は少ない（15㎝くらい）。

経過

中心になる人々が、当時の教育のあり方に疑問を持ち、ゆっくりしたキャンプ活動をしたい、と思ったのがきっかけである。

秋田、山梨、熊本、長崎各県を見学して回った。最初は、長野県浪合村で、長野県野外教育センターという団体を立ち上げ、野外活動を始めた。

やがてＮＰＯ法人グリーンウッド自然体験教育センターとして独立する。

前身団体の理事長が、泰阜村出身で、最後は、泰阜村に定着した。泰阜村民が

①おもいやり

②いたわりの心
③自分でやっていく、
の3つを大事にしているのが良いと当時の中心メンバーが思ったという。

民家を探したが、見つからず、知人の敷地を借りて5人でテントとバンガローを建設した。

村の教育長に「ゆっくりしたキャンプ活動をやりたい」趣旨を話すと、「ぜひ、やって下さい」といわれ、短期行事（泊を伴う野外活動）を始めたのが、1981年である。

山村留学に向けての準備

〝だいだらぼっち〟は、最初から山村留学を目指したものではなく、キャンプ活動を2泊、4泊、6泊、1ケ月泊と実施して、1年間自然の中で暮らしてみよう、と言うことになっていったようだ。

山村留学の開始と推移

1986年に民家を借り、2学期から4名が応募して来たのが始まりだ。

センターを自分たちで作ろう、と考えた。

センターの土地探しに1年、設計に1年、母屋とトイレを建設するのに1年余かかっている。

29年間継続して、しかも毎年2桁を超える山村留学生が来ている。20名を超える年もあった。

小学3年生～中学3年生を受け入れている。

施設

①母屋・だいだらぼっち[※1]（2006年中部地方建築賞を受賞している）
食堂・大広間・厨房・食材庫・木工室
山村留学生居住部分：1階3室、2階4室（1室6畳くらい、2～3人が生活する）
②風呂（五右衛門風呂）、シャワー（母屋の外）
③トイレ（母屋の外）
④登り窯（4段）、他に4種類の陶芸窯、材料小屋
⑤事務所
⑥あんじゃね[※2]自然学校
⑦リーダーズセンター（研修棟）
⑧コテージ棟（六軒長屋）
がある。

母屋は、1986年に中心メンバーと山村留学生

達が自力で建設したが、耐震基準を満たしていないことがわかり、国・県・村が1／3ずつ負担して2003年に新しく建て替えられた。

施設面の特色は、本格的な登り窯があることだ。

活動内容

下伊那地方には、朝食前に一仕事する〝朝作り〟という慣習があり、〝だいだらぼっち〟もそれにならって、大広間、食堂、厨房、廊下、トイレの各掃除、ゴミ出しをしている。

自然体験：ハイキング、カヌー、雪遊び、猪の解体

農業体験：畑作、堆肥作り、薪作り

文化活動：陶芸、木工、だいだらぼっち祭り

地　域：道普請

活動は、スタッフから「こんなものもあるよ」と声はかけるが、山村留学生から「やりたい」という声が出た時だけするという。

〝だいだらぼっち〟の特色

スタッフと山村留学生との話し合いで、決める姿勢が貫かれている。多数決は取らず、お互いに納得するまで話し合ってから活動をする。

①地域の持つ潜在的教育力を重視し、暮らしの中から学ぶ。

②「暮らし」は生きるための全ての環境とつながっている。他人・地域・自然との関わり、食べる・寝る・働く・遊ぶ・感じる・創る・伝える、自分のありようなど。「暮らし」の中には全人的成長をうながすあらゆる学びの要素が渾然とちりばめられています。(②は、パンフレットより)

③失敗を認め、失敗から次への挑戦をする。

④朝食・夕食は、山村留学生が当番を決めて3～4人で作る。栄養のバランスは、スタッフが助言している。

☆山村留学の総責任者は女性が勤めておられ、私が見学して来た所では唯一である。たいへん魅力のある方である。

なお、NPO法人グリーンウッド自然体験教育センターは、次の3事業を行っている。

①長期事業部（1年間山村留学）

②短期事業部（夏休み等に2〜6泊の野外活動）
②安全教育救急法講習（MFA、資格が取れる）

※1：だいだらぼっち↓『富士山に腰をかけて大井川でふんどしを洗ったそうな』という民話が富士山周辺にあり、この大男の呼び名を示す。伊那地方では、当然、「富士山に腰をかけて、天竜川で洗ったそうな」に変わる。
※2：あんじゃね↓案ずるなよ、心配するなよ、大丈夫だよ、を意味する地域の方言。

5 美山山村留学「四季の里」

「四季の里」センター

京都府南丹市（旧美山町）	
最寄駅：	JR 京都駅 駅から車
ＴＥＬ：	連絡先 / 美山山村留学『四季の里』 ０７７１・７７・０２３２
巻末資料：	A-31 番

位置

珍しく大都市の近くにある山村留学地である。

ＪＲ京都駅から、仁和寺方面に向かって走り、約60㎞、車で1時間30分くらいかかる。京都府のほぼ中央にある。

町の様子

ここは、旧美山町で、重要伝統的建造物群保存地区の茅葺き家屋の集落があることで有名だ。（旧美山町知井地区北集落）さらに、由良川上流の美しい流れがあり、車で10分くらいで、ブナの原生林が残る京大演習林の芦生《あしう》原生林がある。

人口は、約５２００人が57集落に住んでいる。静かな山村で、京文化の影響か、雅やかな雰囲気がある。

経過

１９９２年、知井地区の蜂ヶ峰中学校が統合され、「小学校も無くなるのでは」という危機感があった。地域住民は、学校は文化の中心であり、地域の拠点、と考えていた。

①少子化が進み、１９９７年には、複式学級になることが予想された。
②学校教育を充実させたい。
③地域の活性化を図る。
④知井小学校が１９９７年に新築されるので、都市部の児童を呼んで一緒に学ぶことはできない

か。
等の意見が出された。

山村留学に向けての準備

山村留学のことは、当時の教育長と町会議員が知っており、知井小学校のＰＴＡが山村留学の導入を主張した。

１９９６年に知井小学校山村留学検討委員会が発足し、長野県小谷村の山村留学を視察、「育てる会」関西事務局長の山本光則さんに講演をしてもらった。

１９９７年の夏から、サマーキャンプを行う。

山村留学生がつくる畑

山村留学の開始と推移

１９９８年に山村留学を始める。小学生を対象とし、民家を借りて、センター方式を取り、週1回里親宅に1泊2日することもした。

初年度は、５名が来た。

しかし、民家は、受け入れ人数が制限されるため、センターを新築することになり、２０００年に山村留学センター「四季の里」が完成した。10名くらいの定員である。

毎年6～10名が来ており、２００７年に10周年を迎えた。現在、17年目で、修園生は、１００名を越えた。

施設

木造平屋建て1階で、真ん中に廊下が通り、玄関から、右側に事務室・ホール、指導員居室、山村留学生用居室1、2、3、4、左側に厨房、食堂、洗面所、トイレ、浴室、山村留学生用居室5、6がある。なお、居室1と2、3と4、5と6は境を取り除き大部屋にもできる。外に倉庫がある。

指導員と寮母兼調理担当者の2名で山村留学生を見ている。

活動内容

自然体験：里親めぐりサイクリング、山菜採り、蛍観察、クワガタムシ採り、海釣り、ナイトハイク（星の観察）、茸狩り、凧あげ、雪遊び（カマクラ作り等）、クロスカントリー、スキー、美山町ワンデーマーチ（20㎞歩く）

農業体験：畑作（じゃがいも、なす、きゅうり、タマネギ、サツマイモ）、田植え、ＰＴＡ環境整備事業、バター作り

文化活動：茅葺き民家集落見学、不動山お参りとお祭り、センター夏祭り、下宮の上地区のお祭り

センターでの生活

小学校まで1・8㎞を徒歩通学する。

6：30	起床・洗面・更衣
7：00	朝食
7：35	登校
16：30	帰寮・おやつ・宿題・明日の準備
18：00	掃除
18：30	夕食
19：00	入浴
21：00	就寝

テレビは、夕食後、宿題が終わっている子どもは、20時～21時の間、認めている。

小遣いは、月5000円以内で、1回に100円を渡し、領収書をもらって来るように指導している。（小学校の近くに1軒だけ店がある）

指導員は、基本的生活習慣（躾）に力を入れている。

現在も週に1回は、里親宅に泊まって、そこから通学している。

美山山村留学センター「四季の里」の特色

①小学生が対象で、最大10名の定員なので、こじんまりとして、落ち着いている。

②茅葺き集落・由良川の清流・芦生原生林が揃っているのが素晴らしい。

寮母兼調理担当のT・Sさんが、山村留学生一人一人に似た布製の人形を作っておられ、さらに1年間の記録と写真を添付してまとめたものを修園の時に渡すという、とても、愛情のこもった活動をされている。

6 本郷山村留学

本郷山村留学センター

山口県岩国市（旧本郷村）	
最寄駅：	錦川清流線河山駅 そこからバス
ＴＥＬ：	連絡先 / 本郷山村留学 ０８２７・７５・２７２１
巻末資料：	A-39 番

私が訪ねた山村留学地の中でも成功している１つである。毎年20名前後の山村留学生が来て、木造のセンターが新設されている。

成功したと思われるのは、佐古三代治所長の人柄だ。彼は、この山村留学が１９８７年に開設されてから今日まで27年間、たずさわっている。（1年だけ本庁に勤務されている）

佐古所長のすごい所は、山村留学に出している保護者の心を理解するために、自分の長男を愛媛県広田村（現砥部町）の山村留学に1年間出したことである。

佐古所長は、山村留学開設時、３人の子ども（現在は5人）がいて、山村留学生の親を安心させた。

位置

山口県北東部に位置し、島根と広島の県境にある。県境に羅漢山１１０９ｍがある。岩国の北北西20㎞にあり、新幹線新岩国駅下車、錦川清流線に乗り換え、河山駅で下車する。河山駅からバスで県道69号を北へ約10㎞行くと本郷地区の中心部に着く。

村の様子

２００６年3月、岩国市と合併したが、当時の人口は、約１３００人で、山口県最後の村だった。旧村は、5地区に別れているが、支所のある本郷地区は、耕地が広がり、多くの人が住んでいる。

地区には本郷川が流れ、５００～６００ｍの山に囲まれた盆地である。

村の北部に位置する本谷地区は、県無形民俗文化財に指定されている山代本谷《やましろほんだに》神楽がある。

経過

１９８６年頃、当時の村長と教育長が今後の児童数が減少することを憂慮して、山村留学を導入し、学校の活性化を目指した。

長野県八坂村と小谷村を視察した。しかし、村民とＰＴＡは、それほど賛成ではなかった。

本郷小・中学校

センター方式を選んだ理由は、
①山村留学が村民に理解されていなかったため里親をする家が無かった。
②まとまった山村留学生を受け入れられる。
初めは、高校だった本郷分校が空いていたので改装してセンターにする計画だったが、費用が掛かりすぎるため、倉庫を改装してセンターにした。

山村留学を始めることを公表すると、村として特別の宣伝はしていなかったが、中国新聞とテレビ局が取材して記事にしたり、放映してくれた。

山村留学の開始と推移

村営で、村教委が管轄している。

１９８７年に小学生17名の山村留学生で始まった。以後毎年20名前後が来ている。全国の山村留学地で毎年10名を超える所は少ない。本郷では、ＨＰでの応募もあるが、ほとんど口コミで集まるという。

佐古所長は「素晴らしい実績を上げることができたのは、センター職員と学校の先生方と地区住民が結束した結果だ」、と言われる。

２００２年からは、小学校を継続した児童に限って中学生も受け入れることにした。

２００４年3月に現在のセンターが新築された。

所長、次長、指導員3名（2名は、修園生）・事務補助1名・調理担当3名の計9名の職員で山村留学生の世話をしている。

夜は男性職員3名と小学校の教職員5名、計8名が輪番で宿直をする。小学校に県から1名教師が加配され、月・火・木を教職員、水・金・土・日・祝を指導員が受け持つ。

施設

林野庁の助成を受けて建設した。その条件は、山口県産の木材を使用することだった。（建設費は、林野庁助成が半分、村の起債で半分）

木造2階建てj

1階は、多目的ホール、管理室、食堂、厨房、洗濯室、浴室、トイレ、応接室、礼法室（和室）、自習室

2階は、山村留学生用居室9室（最大30名宿泊可）、宿直室、トイレがあり、外には木工室、野外炊事場がある。

助成金の関係で、この施設は、山村留学センターだけでなく、交流施設として、年間2000名以上の外部の団体が使用することが義務付けられている。館内は、床暖房も整備されている。

活動内容

自然体験：登山、キャンプ、蛍鑑賞、月見、スキー

労働、農業体験：籾まき、芋掘り、稲刈り、栗拾い、干し柿作り

民俗、文化活動：山代本谷神楽を学ぶ、天神祭、和紙作り、餅つき、とんど、豆まき、雛祭り

月に2回の行事を行うようにしている。

山村留学生が舞った山代本谷神楽（八岐《やまた》の大蛇）

センターでの生活

○小・中学校まで７００ｍを徒歩通学する。

○日課

6：30	起床・洗顔・風呂掃除（当番制）
7：00	朝食・登校準備
7：40	登校
18：00	夕食
19：30	学習時間
20：30	夜の行事・明日の準備・就寝準備
21：00	就寝（小学生）
22：30	就寝（中学生）（完全消灯）

○テレビは、夕食後~学習時間が始まるまでの１時間だけ認めている。ビデオ・ＤＶＤを見せる時もある。

○保護者との面会・電話は自由。

夏・冬の短期活動はないが、山村留学生とＯＢのサマーキャンプが実施されている。

村の変化

当初、あまり賛成でなかった村民も、今では、山村留学の継続を支持し、「ここまで続いたものを廃止するのは困る」という世論にまでなってきている。

地区の世論が、岩国市と合併した後も企業や民間委託されずに本郷山村留学が続いている大きな要因だ。

中国地方では、岡山・広島・鳥取・島根各県でも山村留学はあったが、全て無くなり、２００４年に島根県大田市三瓶こだま学園が開設されるまでは、本郷山村留学が唯一であった。

連絡すれば、最寄りの駅までセンターが送迎してくれる。見学の宿泊もできる。

7 大川村ふるさと留学

大川ふるさと留学センター

高知県・大川村	
最寄駅：	土讃線大杉駅 駅からバスに乗り換え
ＴＥＬ：	連絡先 / 大川村ふるさと留学
村教委	０８８７・８４・２４４９
巻末資料：	A-42 番

位置

大川村は、高知県最北の村で、四国山地の真ん中にある。村自体が、〝四国の屋根〟と言われ、四国山地を挟んで愛媛県に接する。吉野川の最上流部にあたる。大杉駅から、とさでん交通のバスで土佐町田井まで行き、嶺北バスに乗り換え、大川村まで行く。

人口は、４２０人くらいで、日本で一番小さい村だ。（離島を除く）小・中併設校で、校舎は新築されている。

大川村の山村留学センターは、役場から8㎞入った所で、標高は７５０ｍくらい、私が訪問したなかでも、最も山奥にある感じがした一つだった。元銅山があった所で、１９６０年前後には、４０００人が住んでいたという白滝地区にある。今は、人家は少ない。

経過

１９８４年に当時の村教委の教育長が、育てる会東京本部を訪問した。青木孝安氏の話を聞いて理解し、山村留学の取り組みが始まった。

後に、大川村だけが、「山村留学を実施する」、と村条例で決めている。四国で最も歴史のある山村留学地である。

１９８７年に育てる会の方針に賛同して、「併用式」で開始した。同じ年に愛媛県中島町（現松山市)[※1]でも開始され、この2ケ所が、四国の山村留学の草分けとなっている。

低迷する山村留学の中身

1995年に、高齢化で、里親の引き受け手がなくなり、センター方式で継続される。

しかし、指導員の確保が難しく、2001年から8年の間、村教委の職員と宿直指導員で山村留学が維持された。2008年に指導員が採用されたが、1学期で退任し、再び、村教委の職員と宿直指導員の体制に戻る。

私が初めて訪問したのは、2005年で、山村留学生の実態を見て、愕然とした。村教委職員と宿直指導員が一生懸命にやっておられることは、よく分かったが、都市の荒れた中学生のままで、他の山村留学生2人も引っ張られているように見えた。専任の指導員の必要性を実感した。

募集は、途切れることなく続けていたが、現在のようにブログで紹介すること、HPでの募集は一時期不十分だった。

再出発した山村留学

2010年にセンターが新築された。全国的に、山村留学生が減少しているこの時期にセンターを新築したことに驚いた。それまでは、廃校になった教室を改修して山村留学生の宿泊場所にしていた。

教育活動ならびにセンター活動は、大川村教委が行っており、(財)育てる会には指導員の派遣を依託した。

次に、村で話し合った結果、村教委がふるさと公社に山村留学事業を依託し、育てる会が指導員を派遣して「センター方式」で実施することになった。村採用の指導員の研修も「(財)育てる会」に依託した。

2010年に「育てる会」から1名専任指導員が派遣され、2012年には、2名に増員、面目を一新した。

近年は、7〜15人の山村留学生が来ている。

2010年に訪問した時は、山村留学生らしい、礼儀正しい素朴な雰囲気になっていた。

活動内容

自然体験：登山、山菜採り、木の実・キイチゴ狩

り、キャンプ、川遊び、ナイトハイク、
カヤック、干し柿作り等

農業体験：畑で作物栽培、稲作、ヤツガシラ収穫
等

民俗行事：しめ縄作り、神祭参加、餅つき、左義長

全国山村留学協会（略称：山留協）主催の地域別指導員研修会が、２００７年度から年１回開催されているが、[※2] 山留協事務局担当者以外では、唯一皆勤で参加されており、年によっては、山村留学に関わる職員が複数で参加されている。それほど、熱心な山村留学地である。研修会に参加され、交流する中で山村留学について再構築されたのではないだろうか。

※１：愛媛県中島町野忽那《のぶつな》島のシーサイド留学は、①瀬戸内海の小さな島にあったこと、②里親が魅力的であったこと、③農業と漁業の両方が体験できること、などから魅力のある山村留学地であったが、惜しいことに廃止された。

※２：２００７年　福岡県旧星野村（現八女市）
２００８年　山口県旧本郷村（現岩国市）
２００９年　高知県大川村
２０１０年　兵庫県神河町
２０１１年　京都府旧美山町（現南丹市）
２０１２年　長野県売木村
２０１３年　長野県旧八坂村（現大町市）
２０１４年　島根県大田市

8 星野山村留学を育てる会

星野山村留学を育てる会「星の自然の家」

福岡県八女《やめ》市（旧星野村）

最寄駅： JR鹿児島本線羽犬塚《はいぬづか》駅
駅からバスに乗り換え

ＴＥＬ： 連絡先 /「星野村山村留学センター星の自然の家」事務局
０９４３・５２・２２８８

巻末資料： A-48番

位置

旧星野村は、福岡県の南東部にあり、東は大分県に接する。ＪＲ鹿児島本線羽犬塚《はいぬづか》駅下車。バスに乗り換え、駅から八女市へ行き、乗り換えて星野村まで行く。約1時間30分で村の中心部に着く。駅から車で約14㎞行くと村の中心部に着く。さらに6㎞東へ行くと仁田原《にたばる》のセンターに到着する。

村の様子

合併前の人口は、約３５００人だった。山の斜面に石積みの棚田があり、棚田１００選に入っている。村名に全国で唯一〝星〟の字が入っているだけに、夜の星空は美しかった。天文台がある。

村の産業は、お茶で、特産品は「高級玉露」だ。抹茶を入れたお菓子も生産している。さらに林業、花木※1、が行われている。

仁田原地区は、約１５０人、50世帯くらいで、星野川が流れており、周囲は標高４００～９００ｍくらいの山に囲まれている。水田があるので広く感じる。

経過

仁田原地区は、村の東端にあり、仁田原小学校は、少子化が進み、複式学級になることが予測された。

１９８９年に、地元で山村留学準備委員会が設立され、「育てる会」東京本部へ行って、話を聞いている。地区主導の山村留学だった。

山村留学の開始と推移

１９９０年、地区住民の要請を受け、「星野自然塾」が設立され、民営のセンター方式で12名の山村留学生で、始まった。

しかし、塾長の個人的な事情で継続できなくなり、学校の管理職・ＰＴＡ・地区住民が一致協力して山村留学に取り組むことになった。

１９９３〜９８年の６年間は里親方式で実施されている。

引き受ける里親さんが少なかったので、やむを得ずＰＴＡ役員が里親を引き受けたが慣れていないので里親の負担が大きかった。この６年間は、受け入れた山村留学生は、１年に２〜４名と少なかった。

１９９７年に、山村留学生をもう少し増やすことを目指して「センター方式準備委員会」が設立され、新しいセンターとして旧家を改装して「星の自然の家」を作った。

１９９９年より、任意団体「仁田原校区山村留学を育てる会」を学校・ＰＴＡ・地区役員40名くらいで作り、地域の各種団体が協力して運営することになった。この年にこの団体の活動が評価され〝福岡県教育文化賞〟を受賞した。

２００４年に、新しく、子ども等自然環境知識習得施設である「星の自然の家」が建設され（新山村振興事業）、今日に至っている。

１９９０〜２０１４年の24年間に累計２００名の山村留学生が来ており、九州では、歴史があり成功している山村留学地である。

小学３〜６年生を対象としている。１年間だけで、継続はできない。

定員は、部屋数、男女を考えると10名が最大。問い合わせや希望者は多くあり、毎年何人かを断っている。

施設

平屋建て

玄関右側は、公民館。

玄関左側が、山村留学センター

真ん中に廊下が通っていて

廊下の左に事務室、食堂、ロッカー２室、90度曲がって女子居室、トイレ、風呂廊下の右に男子居室、台所となっている。

日課

6：00	起床
6：30	朝食
7：30	登校（地域の子ども達と星野小学校までスクールバスで集団登校）
16：00	帰寮、自由時間
17：00	学習
18：00	夕食
19：00	入浴、自由時間
20：00	ミーティング
21：00	就寝

活動内容

指導員2名、寮母兼調理担当1名で山村留学生の世話をしている。

自然体験：山菜採り、登山、ハイキング、イチゴ狩り、柿をもぐ、魚釣り、川遊び（カヌー）、雪遊び、スキー

農業体験：田植え、稲刈り、畑作（ジャガイモ、葉菜多種、ソバ）、コンニャク作り、炭焼き、やまめの養殖、学校行事で茶摘み

文化活動：風流ハンヤ舞、藁細工、星の祭り、陶芸、ヨド（祇園祭系）、鬼火焚き（トンド焼き）和太鼓

体　育：剣道

地域に出る：資源（廃品）回収、道路清掃作業

テレビ、マンガは見ない、読まない。

夏に交流キャンプを実施している。現役、OB、次の山村留学生候補が集まる。

星野村山村留学の特色・重点

地区が主導で運営しているため、地区住民は、協力的で野菜の差し入れや、水田や畑を貸して下さる。

毎月1回、1泊2日ほど里親宅に泊まる。

指導員の給料は、財団法人「星のふるさと」が支払っている。

4月当初に山村留学生から「大好物」を聞いておいて、誕生日に出している。さらに、指導員が、月1回の誕生日会にケーキを作って、山村留学生にプレゼントしている。

所長さんが話されるには、「指導員として、言う

べきことは、きちんと言って躾をする。

楽しいことだけするのではなく、つらいことも体験して、自分の可能性を試してほしい。」

2010年に仁田原小学校は、他の三校と同時に星野小学校に統合されたが山村留学は継続している。所長や指導員・調理担当者が魅力的な方である。

※1：庭木用のつつじや盆栽用の小さい檜など。

9 久高島留学センター

久高島留学センター

沖縄県南城市（旧知念村）	
最寄駅：	那覇からバス、安座真《あざま》港から船
ＴＥＬ：	連絡先 / 久高島留学センター ０９８・８５２・６３２３
巻末資料：	A-74 番

位置

那覇から車で南南東へ走ると、沖縄本島の南東、旧知念村安座間港に着く。港から連絡船で15分くらいで久高島に着く。

集落の様子

山がない、平坦な小さい島だ。

久高島は、琉球諸島の中でもノロ（巫女、シャーマン）が現存する島である。

港の周りにレストランや店はあるが、集落の中は見かけなかった。

土地の所有制度も珍しく、私有地は原則としてなく、集落全体の共有地となっている。

亜熱帯植物が茂り、沖縄らしい。

経過

久高島の山村留学は坂本清治さんが始めた。

坂本さんは、青年期に地球の環境問題や日本の食料問題に関心を抱いたという。

大学3年生の時、ある講義で「日本の過疎地を再生すれば、日本の食料危機は解決できる」と聞いて、1年間休学して全国の過疎地を訪ねた。

１９８６～２００１年まで学習塾を経営していた。教育活動に関心を持ち続け、１９８９年に「(財)育てる会」の山村留学を知り、１９９７年に自分の子どもを長野県八坂村の山村留学に1年間出した。

坂本さんは、山村留学は行政が取り組むべきもの、と考え、働きかけてきたが、なかなか実現しないので、自らが主催者となって久高島で山村留学を立ち上げた。

山村留学の開始と推移

２００１年４月に開始され、今年（２０１４年）で14期になる。小・中学生を対象としている。

例年14〜19名が在園する。開始以来、毎年、15名近くの山村留学生が来るのは全国的にも珍しいが、その上、毎年40〜50名は断っている、という。他の山村留学地からみれば羨ましいような問い合わせ数である。中学生が多い。

当初は、苦労したが、５、６期頃から、学園の運営がやりやすくなった、と話された。開設当初、苦労された山村留学地は他にもある。

２０１０年にテレビで久高島の山村留学生の活動が１時間番組で放映された。それを見ると、確かに山村留学生の変化と活動内容が発展していることがよくわかる。

施設

最初の３年間は、旧知念村の島の宿泊設備の一部を借りて実施していた。

現在の留学センターは、２００３年にでき、２００４年から使用している。

平屋建て

玄関右側は、ホール兼食堂、談話室、男子寝室

玄関左側が、調理室、風呂、トイレ、洗面所、洗濯場、女子寝室

門を入って右に倉庫がある。

活動内容

海の活動が中心で、泳ぐ、銛で魚を突く、追い込み漁、サンゴ礁の生物観察等がある。畑作もしている。

久高島の特色

〝沖縄〟でしかも〝小さな島〟にあるのが最大の特色だろう。海の広々とした景観は素晴らしい。

２０１３年に坂本さんは、退任された。２０１４年より体制を改め、２０１５年４月より新しい指導員が着任され新体制で出発している。今後のさらなる充実・発展を期待している。久高島の山村留学は、沖縄県に存続する貴重な山村留学地と私は考えている。

“島”にある山村留学は、かつては多かった。利尻島、佐渡ヶ島、隠岐、瀬戸内海の詫間《たくま》島、野忽那《のぶつな》島等にあった。しかし、今は全て休廃止になっている。

現在は、新潟県粟島、鹿児島県の屋久島、種子島、三島村、十島村、奄美大島、そしてこの沖縄県久高島にある。

沖縄県には、本当に小さい島・鳩間島にも山村留学があり、訪問はした。しかし、自治体が関わっていないし、地域山村留学協議会も無い、ということで山留協の全国調査に入っていない。

久高小・中学校

また、渡嘉敷島でも2008、09、10、の3年間、夫婦で山村留学を実施されていたが、廃止になっている。

三、里親方式　5ヶ所

☆里親方式の利点

里親方式は、地域の理解を得た場合、学校の了解と里親4~5軒の同意で、比較的早く山村留学を始められる。但し、教育の専門家ではないので、地域の山村留学推進協議会（委員会）と里親が、苦労される場合もある。

☆山村留学生にとっては、次のような利点がある。

①農家の生活文化を体験できる。

②農山村の年中行事・文化を体験できる。

③家庭的雰囲気の中で暮らせる。

1 みちのく東沢のやんちゃ留学

東沢小学校

山形県・川西町東沢小学校	
最寄駅：	JR米坂線川西駅
TEL：	0238・42・6325
巻末資料：	A-15番

位置

川西町は、米沢の北西にある米作中心の町である。

1955年に1町5村が合併して川西町になる。旧町村毎に小学校があり、中学校は、統合されて1校になった。東沢小学校は役場から約6㎞の所にあり、低い丘陵に囲まれ、2つの小さい川に挟まれている。盆地で、家は、散居している。

経過

東沢小学校の山村留学〃やんちゃ留学〃協力会会長の佐々木賢一さん[※1]に話を聞いた。

1988年頃、児童数の減少が目立ち始め、山村留学をするかどうかで、集落の座談会を8ヶ所で開いた。「地元の子どもへの悪影響」「留学生のケガ・病気」といった心配が出されたが、実施することに決まった。

地区の人口は約700人、世帯数は約190戸だった。行政主導ではなく、東沢地区の住民主導で、山村留学協力会を立ち上げて、全戸が加入した。

特徴

1992年から始まったが、東沢小学校の山村留学には、いくつかの特徴がある。

第一に、全国から募集はせず、東京都町田市在住の子どもだけを対象にしている。これは、川西町が花ダリアの球根を送った縁で交流があったことと地域限定で募集することによって双方向の交流を目指したからだ。

第二に、学期単位の契約で、7月に本人・保護者・学校・里親で続けるかどうかを確認する。四者が一致すれば、2学期以後も山村留学を続けることができる。1年間とし、継続はできない。これは、「子どもは、本来、親が育てるべき。」という協力会の考えからである。

第三に、山村留学は、〝子どもの人間形成〟を主眼にしている。合わせて東沢地区と町田市の文化や経済交流を目指しているので、学校存続や複式学級の解消を第一に考えていない点では、極めて珍しい。町田市の児童と東沢小学校の児童も相互に交流している。また川西町のお米を7000俵も町田市民が購入している。

第四に、里親は、里親会を開いて、山村留学生の人数によって立候補制にしている。頼まれてすると責任があいまいになると考えたからである。

面接で児童の「来たい」という意志を確認し、馴染めそうにない児童は、断っている。

転勤して来た教職員には、学習会を開いて、山村留学の内容と趣旨を説明して、理解してもらう。町教委には、お金は出すが、口出しはしないようにしてもらった。

毎年1～3人の山村留学生が来ている。

活動内容

ここには、農協青年部、更生保護女性会、ボランティア会、老人クラブ等の団体や公民館活動がある。その団体が得意とすることを土曜日に開催して、地域の子どもや山村留学生が参加するというユニークな取り組みをしている。例えば、トウフ作り、しめ縄作り、ゆべし作り、親子料理教室、グランドゴルフ、親子遠足、歴史や自然観察等、得意とする団体が受け持っている。

年間スケジュール表があり、各団体は「何時準備したらいいのか」が分かるようになっている。

また、近くに〝ハッチョウトンボ〟が生息している湿地があり〝ビオトープ〟作りにも参加してもらっている。県の〝ビオトープ条例〟に当てはまる、ということで補助金が出て遊歩道ができた。私も見学させてもらった。

日常では、山菜採り、魚釣り、沢蟹を捕まえる、かじかに触る、キノコ採り、稲刈り、マラソン大会、芋煮会、雪遊び、スキー等が体験できる。

学校では、野菜作りや田植えをしている。学校の裏山には〝教育の森〟があり、遊具やテーブルがあって、野外学習もできるようになっている。

里親の安孫子和郎さんに話を聞いた。

「毎年1人預かり、今までに10人預かりました。

山村留学生は、自然指向が半分、課題を抱えた児童が半分でした。

雪が好きな子どもは、屋根に登って除雪しました。ある年、女の子を2人預かったのですが、妻の手伝いをよくしました。

山村留学生のおかげで、3回複式学級が解消されました。

病気になった子どもは1人だけでした。

お客さん扱いはせず、自分の子どもを育てるようにこちらの家の生活通りにさせました。毎日、玄関の掃除、冬は除雪をしてもらいました。

テレビは自由に見せ、就寝は21：00でした。

箸の持ち方が悪いので、マールボ玉[※2]を箸で掴む練習をするようにしました。実家に帰って、箸でパチパチ音を立てて見せ、保護者を驚かせたそうです。

預かった子どもは、今でも訪ねて来ます。」

※1：佐々木賢一さんには、お世話になった。話のあと、小学校への案内、ビオトープや里親さんの所への案内と、一日、行動を共にして下さった。
※2：マールボ玉↓丸大豆のこと。

2 奥日向山村留学

銀上小学校

宮崎県・西都市・銀上《しろかみ》小学校・銀鏡《しろみ》中学校	
最寄駅：	日豊線宮崎駅 駅からバス２回乗り換え
ＴＥＬ：	０９８３・４６・２４５０
巻末資料：	A-53番

位置

ここは、〝奥日向《おくひゅうが》山村留学〟という愛称で募集しているが、なるほど、と思った。ナント、市役所から北西に56㎞離れた所にあり、道を間違えたか、と思うくらい遠かった。私が訪ねた山村留学地では、離島を除いて役場からの距離が最も遠かった。

村の様子

銀鏡《しろみ》地区は、人口２３８人、１０７世帯。林業が主な産業だ。国有林は少なく、私有林が多い。周りを５００ｍくらいの山に囲まれ、まさに〝山村〟という言葉がピッタリする集落だ。

経過

山村留学を始めた動機は、児童数の減少だ。集落から小学校・中学校が無くなることに住民が危機感を抱いた。学校があってこそ、地域が活性化する。

小学校のグランドは道より80㎝くらい高い。そのグランドの石垣を地区の住民が労力奉仕で作った、という話から地区の人々がいかに学校を大事にしていたかがわかる。本当に、美しい石垣だった。

地域の有志が山村留学実行委員会を結成して、１９９５年から始めた。

毎年14~19人の山村留学生が来る。中学生が多い。

ルール

小学生は、保護者と児童を一緒に面接し、中学生は、保護者と本人を別々に面接している。

ここの里親方式の特色は、1年間を通して、夏・冬休みも実家には帰らないで、里親宅で暮らすことだ。

山村留学生の様子

小学校の山村留学生は、ほとんどが自然指向である。

中学校は、自然指向と課題を抱えた者が半々だ。

活動内容

小学校：そば打ち、芋掘り、運動会、文化祭

中学校：伝統芸能・銀鏡神楽、モグラ打ち[※1]、浦安の舞やシオヤシオ、モモとサクラなどの踊りの体験

中学校の山村留学生は、「ここは、居心地が良くて、よく勉強ができた（学習と人生勉強）」と言っているという。

小・中共通して、

地元の子は、純粋だが、世間が狭い。

山村留学生は、積極的だが人間関係が旨くいかない。躾ができていない。

と地域の人・里親・学校教職員は見ている。

都会の大人は、仕事の時だけ挨拶するが、ここでは、大人同士がいつも挨拶するので、子どもにも「挨拶しなさい」と指導している。子どもも納得して、挨拶できるようになってきた。

中学校で、里親の方を1人紹介していただき、話を聞いた。

Kさんの話によると、「山村留学開始から頼まれたが、会社勤務をしていたので断った。退職してから、引き受けた。」という。

1．里親は、7、8軒ある。

2．インターネットで調べて来た子どもは、まじめで1年間毎日3～4㎞走り続けました。

3．3年間いた中学生は、見違えるほど良くなりました。忘れん坊で、毎日、教科書を全部持って登校していましたが、時間割をあわせるようになりました。

4．別の子どもですが、用心深く、川遊びに連れていって25ｍ泳げるようになりました。

☆ここで1年間暮らすと、
1．食べ物の好き嫌いが無くなる。
2．自転車事故が原因で雨の日に頭痛のある子は、薬を持参していましたが、頭痛が無くなって、薬も飲まなくてよくなった。
3．五右衛門風呂は、最初、入り方が分からず、沈め板の使い方も知らない。でも、うまく使えるようになった。

預かった子どもとは、今でも交流があります。

※1：もぐら打ち→翌年の豊作を祈って土中の悪い虫を追い払う行事。長野県では十日夜《とうかんや》という。

3 永水小学校わんぱく留学

永水小学校

鹿児島県・霧島市	
最寄駅：	日豊本線霧島神宮駅
ＴＥＬ：	連絡先／永水小学校と四本廣美（里親制度実施委員会） ０９９５・５７・０３６７
巻末資料：	A-62番

位置

永水小学校は、県の北東部にあり、霧島山の南南東で宮崎県境に近い。霧島市は、霧島国立公園の中に入っている。冬は、車のフロントガラスが凍るくらい、鹿児島県では一番寒い所だそうだ。

南の県道から入るとかなり距離がある。北東の中心街からは、２km弱で、町に近い。

県道に〝わんぱく留学・永水小学校〟の看板があった。

地区の様子

６つの集落があり、２５０戸、人口は６００人くらいだ。農村の風景が広がり、平地がある。産業は、稲作・野菜・ソバ・畜産・酪農・お茶の栽培・養鶏で、車で20分くらいの国分や隼人（共に霧島市）にある大企業の工場で働く人もいる。

経過

山村留学関係者６人の方から話を伺った。

１９９２年に小学校百周年となるが、「何をするか」が話し合われた。その頃、児童数は50人くらいいたのに、学年によっては、複式学級が生まれた。１９９８年には、30人を割ることが予測された。記念碑を作るよりも、「子どもを増やすこと」が最重要課題だ、という認識で一致した。

まず、地区外に暮らす孫を地区に呼び戻す「孫もどし」の活動に取り組んだ。成果はあったが、予想よりも少なかった。

当時、鹿児島県では、山村留学を実施している自治体や地区は無かった。町教育長・教育委員・地区公民館長・ＰＴＡ会長が、大分県や熊本県の山村留学へ視察に行き、「何とか、やれるのではないか」という感触であった。

山村留学里親制度実施委員会を立ち上げて、取り組みを始めた。集落の意見は、「他人の子どもを預かるのは、大変だ」「病気・事故があった時はどうするのか」等の意見が出された。論議を重ね、ようやく地区の人々・地区公民館長・ＰＴＡ役員の合意ができた。地区主導の山村留学である。基本は里親制度だが、家族留学も受け入れている。夏休みには、短期の山村留学にも取り組んでいる。

委員会の役割は、里親と住宅の確保だ。

１９９２年に１期生５人で始まった。鹿児島県初の山村留学である。

ルール

希望者は、必ず保護者と本人に永水に来てもらう。面接して、実施要綱を説明し「約束事を守る」誓約をしてもらっている。

募集定員は決めていない。

保護者には、学校行事・実施委員会行事に合わせて年に数回、永水に来てもらう。

受け入れ側の基本姿勢

いろんな子どもの特性を認める、変える必要のある所は変える、自分の子どもとして育てる、という基本姿勢で山村留学生に当たっている。

里親は、病気やケガが無いように気を付けている。

山村留学を継続してやっているのは、「地元の子どもに良い影響を与えて欲しい」、と願っているからだ。

活動内容

○学校では、

芋植え、キャンプ、山登り、ソバを植える、運動会、学習発表会、お茶に関わる授業、

○地区や実施委員会では、

校区内めぐり、さのぼり[※1]、灯籠祭り、ほぜ祭り[※2]、鬼火焚き[※3]、里親キャンプ（登山、川遊び）等が体験できる。

何といっても地域の最大の特色は1月に行われる〝校区内めぐり〟「ぐるりグルメ歩こう会」である。（私も参加した）山村留学生の親は、「永水は良い所ですね」とよく褒められるが、地元の人々は、よく分からない。〝永水の自然豊かなところは良い所なのだ〟という誇りを地域の人々に持ってもらい、地域のよさを知ってもらうことを目的にして、1994年からこの行事が始まった。山村留学里親制度実施委員会・PTA・永水地区・地区公民館の四者共催である。

集落内に3コース作り、1コース7～8㎞に設定。自治会をいくつか通り、その自治会独自の料理を振るまう。

1年毎にコースを変える。

新聞に載ってからは、次第に校区外の人々（霧島市全体、県内）の参加者が増えてきた。（私が参加した日は、全体で300人くらいの参加）当初、無料だったが、参加者から「それでは申し訳ないので、参加費を取ってほしい」という声が出て、以後1000円の会費を集めるようになった。

山村留学に来た保護者の意識は、里親制度を選んだ人は、子どもの独立心を養いたい。

家族留学を選んだ方は、田舎暮らしを体験させてやりたい。

ということらしい。

少人数による授業が喜ばれている。

山村留学生の様子

近年は、平均5名の山村留学生が来ている。

ある子どもは、空港へ迎えに行くと、後ろを振り向かずに里親の所へ走って行くので、保護者が嘆いていた。

ホームシックにあまりならない。逆に、保護者の方が、子離れができていない。電話をしょっちゅう掛けてきたり、土日になると永水まで来る保護者がいる。後者には、山村留学の趣旨を話し、帰ってもらったが、後に「私達の心得ちがいでした」と話していたという。

自己主張がはっきりしており、元気である。1ヶ月もしないうちに、誰が山村留学生か分からないくらい溶けこんでいる。

不登校やいじめにあった子どもも来ているが、欠席せず登校した。

乱暴で、友達ができなかった山村留学生が、ここに来てからは優しい面が出て、女の子の具合が悪くなった時、背負って連れて帰って来た。その山村留学生が中学生になった時に、永水の子が訪ねて行って交流した様子が新聞記事になった。

初めは、何もできなかった子が、次第に変化し、1年間が終わる頃には、大きく成長して、たくましくなっていく。

偏食がなくなる。


里親Sさんの自治会は、35戸だが、30戸くらいは、里親を体験しているという。だから、どの家庭でも山村留学生を受け入れられる。

これは、凄いことである。

里親制度は、高齢化が進み預かることが不可能になって中止していく所が多い。

2015年からは、家族留学だけになる予定である。


永水小学校の山村留学地では、山村留学による波及効果を次のように言われた。
①地域の子どもと山村留学生相互に良い影響を与え、相乗効果がある。
②地域の活性化をもたらした。山村留学実施委員会から派生して「村作り委員会」ができ、さらに「夢作り委員会」に改組・発展した。この「夢作り委員会」が、地域の公園を造成した。土盛りは、地区住民の労力奉仕で作り、芝張りとトイレは、県から助成金が出て完成した。
この公園は、高齢者対策として、
①物産販売をやる
②農業の振興を図ることを目的にしている。
山村留学をきっかけにして、「村作り」を考えるようになり、地域住民の団結が促進された。
※1：さのぼり→田植えの後での行事。
※2：ほぜ祭り→五穀豊穣を田で祈る。
※3：鬼火焚き→正月飾りを集めて焼く。とんど焼きや左義長という名の行事と同じ。

4 まんてん留学

栗生小学校

鹿児島県・屋久島町・栗生小学校	
最寄駅：	鹿児島港から船で宮ノ浦港
ＴＥＬ：	連絡先 / 羽生弘訓 ０９９７・４８・２８６１
巻末資料：	A-70 番

位置

鹿児島港から、フェリーで約4時間、屋久島の宮の浦港に着く。港から、1時間余り、時計回りで走ると栗生の集落に入る。ここからは、もう集落がない。栗生小は、中間地区と栗生地区からなる。青空の下、左手に青々とした、海原が広がり、素晴らしい景観だ。

栗生集落は、３００戸、５８５人で、栗生小学校は、河口から、５００ｍくらい遡った所にある。

経過

栗生小学校のまんてん留学実施委員会の会長、羽生弘訓さんは、とても熱心な方だ。地区公民館の館長室で、忙しそうだったが、2時間ほど話を聞くことができた。

「『栗生小の卒業生が、中学校に行ってから元気がない』、と聞いて、『何とかしないと』、と思ったのが、きっかけです。三つの小学校から、一つの中学校へ進学しますが、児童数が減少して、複式学級になっているのは、栗生小だけでした。さらに、中学校へ行ってから、栗生小の卒業生が不登校になり、いじめにあっていたことを聞きました。当時、町会議員をしていたので、町教委と協力しながら、まず、算数などを複数の教師で教える制度を導入して、複式学級を解消するために模索しました。中学校へ行っても元気でいて欲しい、という強い願いがあったからです。

最初は、〝孫もどし〟運動をしてみたのですが、平穏に暮らしているお祖父ちゃん・お祖母ちゃんが、今更、孫を預かって暮らす、というのは、難しいといわれました。

そこで、〝山村留学〟しかない、ということになり、同じ島にある上屋久町（当時）の永田小学校が実施している山村留学〝亀んこ留学〟の視察に行きました。

当時、NHKの朝のドラマの題名が〝まんてん〟だったので、NHKにお願いして、名称の使用許可をいただき〝まんてん留学〟にしました。

2003年、里親方式で男子3名の山村留学生から始まりました。例年3～6名が来ています。

実施する主体は、PTAで、山村留学実施委員会の会長とPTA会長を兼任することにしました。

実施が決まっても、総論賛成、各論反対で、里親のなり手がなく、探すのに苦労しました。私自身も里親になりました。

実際、子どもを預かってみると、大変です。いったん預かった子どもをこちらの都合で帰らせるわけにはいきません。山村留学生を、自分の子どものように接したことが、良かったようです。

1年目に難しいと言われていた女子児童を、2年目は私が預かりました。

この子に、最初次のように言い渡しました。

「君の両親から頼まれて引き受けたのだから、栗生では、私が父親である。

自分の子ども（小3、小5、中1）と同じ扱いをする。私の家では、小遣いとおやつは無いので、君にも出さない。

自分のやるべきことは、きちんとやる。（布団をたたむ、洗顔、歯磨き、挨拶をする、授業を受ける等）」

半年間は、治る兆候はありませんでした。

ところが、10月前半でしたか、ある夜、本人が泣きながら私の前に座り
「お父さんに謝ることがある。私は、お父さんがいない所で、〝クソ親父〟とさんざん悪口を言ってきました。謝ります。」

再び羽生さんの話「この後、スッカリ様子が変わり、運動会で走ったのですが、これが、速いのなん

の。先生も地域の人々もビックリ。さらに地区にあるバレーボールのチームにも入ったのです。

山村留学は、地元の子にとっては、幼稚園・保育所からずっと同じ人間関係なので、都市から来た子どもの積極性に大きく影響を受けます。また、都市の子は、地元の子が、スイスイと泳ぎ、海亀の産卵や放流を見て新鮮な驚きを示します。カヌーも学校前の川でやっています。」

活動内容：落花生栽培、海亀の産卵見学・放流、カヌー

羽生さんは、自分の話が終わると、今度は、私に質問をされた。〝全国の山村留学の様子〟〝山村留学の形（併用式・センター方式・里親方式）〟〝募集方法〟〝各地でどんなことをされているか（山村留学生への体験活動）〟等々。

羽生さんからは、〝よくぞ、この地区まで、訪ねて来て下さった〟という気持ちが感じられて来て良かった、と思った。

5 たねが島留学

岩岡小学校

鹿児島県・中種子町・岩岡小学校	
最寄駅：	鹿児島港から船で西之表港、港からバス乗り換え
ＴＥＬ：	連絡先 / 岩岡小学校 ０９９７・２７・９５０１
巻末資料：	A-68 番

位置

鹿児島港から高速船で約1時間半かかる。種子島は、ポルトガル人が鉄砲を伝えた島として有名である。現在、ロケットの発射基地がある。島には、１市2町があり、中種子町は、島の中央部にある。

屋久島から行ったので島間港に着いた。島間港に山村留学実施委員会の塩釜進太郎さんが出迎えてくださり、車で集落まで先導していただいた。港から約20分で岩岡小学校に着く。

地区の様子

島は、平坦で、サツマイモとサトウキビの栽培が盛んだ。地区の人口は、約４５０名、２００世帯である。

海岸線から岩岡小学校までは、登りで、教室から海の眺めが素晴らしい。

元々、同じ町内の油久《ゆく》小学校が、１９９９年から山村留学を始めていたが、里親の確保が難しくなって、２００４年に中止した。

経過

岩岡小学校は、２００2年から区長が中心となって、当時の校長先生が、音頭をとって山村留学を始めた。児童数の減少がきっかけである。

①最初、地域の人々は、「一部の人がやっている」「反対もしないが、賛成もしない」と、無関心な人が多かったが、山村留学生が来て、チーム

が組めるようになり、大会出場が可能になったこと。（剣道、駅伝等）

②5、6年生が来て、複式学級が解消して、教員も1名増加になった。（現在は、複式解消は、無理な人数になっている）

この実績から、地区の人々も、山村留学に対して好意的になった。

受け入れは、町教委・学校・実施委員会による書類審査で行っているため、4月にならないと、どういう児童が来るのか分からない。

毎年4~5人の山村留学生が来る。

受け入れて見て、

①基本的生活習慣が身に付いていない子どもがいる。（顔を洗わない、挨拶しない等）

②親子の関わりはどうなっているのだろうか、と思う家族もある。例えば、小3まで学童保育があったが、小4から学童保育が無いので山村留学に出した等。保護者が山村留学の目的と内容を正しく理解していない。

活動内容

自然体験：カヌー、磯遊び、海亀放流、一口タコ取り

農業体験：から芋[※1]植え、芋掘り、ポンカン・タンカン狩り

遊　び：水ロケット作り

地　区：駅伝大会、餅つき、黒砂糖作り、地区運動会

※1：から芋→さつま芋。

四、家族留学　4ヶ所

この方式は、1989年（平元）に北海道の新十津川町吉野小学校で始まったと聞いている。（吉野小学校は、現在、廃校になっている）家族留学を「山村留学」として見るかについては複数の意見がある。（後述p．263参照）

全国の山村留学地を訪問してみると「家族留学」にたずさわっている地域の方々の熱意・山村留学生への自然体験実施については併用式・センター方式・里親方式の所と遜色ない。私のこの本では、地域の方々の熱意に敬意を表して掲載する。

1 置戸《おけど》町の山村留学

置戸小学校（提供：置戸町教委）

北海道・置戸《おけど》町・置戸小学校	
最寄駅：	石北本線留辺蘂《るべしべ》駅
ＴＥＬ：	連絡先／置戸町教育委員会・学校教育課 ０１５７・５２・３３１６
巻末資料：	A-14番

位置

置戸町は、北見市の西約30㎞にあり、大雪山系の東にある。広々とした風景が広がり、酪農と麦・ビート・ジャガイモ等畑作の町だ。

町の様子

中心街は、通産省（現経済産業省）の補助金で街並みが整備され、美しい街並みである。人口は、約３２００人だ。

経過

山村留学を始めたきっかけは、勝山小学校の児童数が減少してきたからである。

山村留学を実施することにしたのは、

①小学校の存続

②学校環境の提供（都市から来る児童に向けて）

③定住希望者の募集

である。

山村留学希望者の受付は、町教委が一括して行っていた。最初は、勝山小学校から始まり、境野小学校、秋田小学校へ広がるが、町の中心にある置戸小学校は、実施していなかった。

希望者は、町教委に申し込み、説明を受けてから、勝山・境野・秋田の３小学校を見学し、自分の行きたい小学校を決める。

家族留学が中心で、以前は、里親方式もやっていたが今はない。
勝山小学校は、１９９２年
境野小学校は、１９９７年
秋田小学校は、２０００年
に第1期生が来ている。

毎年5人くらい来ていたが、２０１２年以降は、0になっている。

体験できること

子供会主催や社会教育として
わかさぎ釣り
ラフティング（常呂《ところ》川《がわ》）
キャンプ（町の内外）
などが行われる。年度によって内容は変わる。

さらに「地遊人」という組織を地区で作って働きかけ、20人が定住している。

現在まで、山村留学に38家族が来られ、10家族が定住されている。

山村留学関係者と保護者計10人[※1]の方々とインタビューできた。そのお話を総合すると、
①課題を抱えている児童は少ない
②山村留学生家族が地区に溶け込んでいる。
③定住がある。
の3点を聞いて、家族留学のイメージを変えさせられた山村留学地だった。

地区の住民の度量、山村留学生家族が都市の感覚を持ち込まなかったこと、町教委の暖かく迎えいれようとする姿勢などが相まって素晴らしい山村留学が実施されている。

２００９年に、境野・秋田の2小学校が置戸小学校に統合され、２０１１年に勝山小学校が置戸小学校に統合された。しかし、置戸小学校では山村留学の募集を続けている。

※１：境野小学校の山村留学の世話をしておられた瀬口俊行さんが、境野小学校・勝山小学校と案内してくださり、勝山小学校の山村留学を始めた人や山村留学生の保護者を紹介してくださった。宿の手配までしていただき、お世話になった。

2 志《し》比《び》内《ない》小学校の山村留学

志比内小学校

北海道・東神楽町《ひがしかぐら》

最寄駅： 宗谷本線旭川駅

TEL： 0166・96・2146

巻末資料： A-7 番

位置

東神楽町は旭川市の東南23㎞にある。町の西側に低い丘が横たわる。他は、一面の平原で、遠くに大雪山の白銀の嶺々が見え、北海道らしい自然風景である。

町の様子

人口が、1990年5763人、2009年9435人で、人口増加率13・1%は北海道内1位、全国13位という珍しい町だ。山村留学がある町村としては、北海道・芽室町と並んで人口が多い。

ところが、志比内集落は、町の中心から低い峠を越えた所にあり、独立した感じで人口は減りつつあった。人家は集まっており、駐在所がある。[※1]

経過

児童数が

1970年43名

1990年11名

と減少してきたので、1991年に志比内小学校存置委員会を設置して、小学校の存続を集落で考えた。〝山村留学〟を知ったのは、音威子府の咲来《さっくる》小学校に勤務経験のある方が、この志比内小学校に校長として着任された時である。咲来小学校は以前に山村留学生を受け入れていた。

1992年に山村留学を開始して、現在23年目になる。

開始した当初は、東京・大阪に行って、宣伝ビラを配布したが、全く反応は無かった。

最初は、里親方式で始めたが、里親が高齢になったため、今は家族留学の方式でやっている。

家族留学を継続する上で一番苦労しているのは、「家」の確保だ。空き家はあるが、諸事情でなかなか貸してもらえない。次に、仕事が見つからないことである。特に冬場が難しい。

毎年4~7人、平均して6人の山村留学生が来ている。

受け入れる時に、

①必ず、下見に来てもらっている。

②親子別々に面接する。

子どもの気持ち、やる気の有無を見る。近年、無気力・無感動の子どもが増えて来ているという。

親は、その子どもの意志を応援する気持ちがあるかどうかを見て判断している。時には、親の勝手で来ることもあるからだ。近年、「山村留学渡り鳥」のような親が多くなって来ているという。[※2]

体験活動

学校の授業の一環として、

①田植え・稲刈りの体験

②ドングリの木の植林を森林管理署の指導を受け、大雪山系で実施している。

③スキーを3回やっている。

集落として

①比志内神社祭りで、〝子ども神輿〟を30年間続けている。

②川魚の放流(ヤマメ、ニジマス)をしている。

③スキーの時、スキーのリフト代を負担している。

教育効果は、

①児童の中に縦割り集団ができ、上の子は、下の子の面倒を見る。下の子は、上の子を見習うようになった。

②町社会福祉協議会が毎年作文を募集しているが、上位を、比志内小学校で占めることがよくある。全道大会まで行った子もいる。

③地元に帰ってから高校の生徒会活動をした山村留学生がいた。

存置委員会は、2009年時点で3代目の委員長になっていた。各地の山村留学地では、後継者を探すのに苦労しており、大変珍しい。

集落にとって良かったことは、

集落内に旨く溶け込んだ山村留学生の親は、集落の文化面でのリーダーになっている。

最後に家族留学に来られる方への助言として、「都会の感覚を持って来ない。都会の感覚を捨てて来ることが、集落内にとけ込む必須条件」と言われた。

※1：北海道・芽室町の上美生《かみびせい》地区、同・美深町の仁宇布《にうぷ》地区、宮崎県西都市の銀上地区等、街の中心部から離れ、独立した集落で公的機関が2つ以上ある、という共通した集落の状態にある。

※2：「山村留学渡り鳥」という言葉は、北海道で2009年、初めて複数の自治体で聞いた。北海道の場合、旅費の片道分、山村留学費用の一部を助成する自治体がある。

問い合わせの最初から「おたくの自治体は、いくら助成してくれますか」という質問に始まり、山村留学の理念・目的などは二の次・三の次という保護者が出てきた。これを「山村留学渡り鳥」と呼んでいる。

3 富村牛《とむらうし》小・中学校の山村留学

富村牛小・中学校

北海道・新得《しんとく》町	
最寄駅：	根室本線新得駅
ＴＥＬ：	連絡先／富村牛小学校 ０１５６・６５・３０６４
巻末資料：	A-6 番

高知県馬路村と共通した雰囲気を持っている。地域住民と山村留学生の保護者と学校が良好な関係を築いていて、暖かい雰囲気がある。

位置

新得町は、狩勝峠を東に下った北海道の中央部、十勝平野の北西部の広々とした地域である。

集落の様子

富村牛は、町の中心から北へ約30㎞行った所にある。有名なトムラウシの南麓で、29世帯約70人だ。教職員が7世帯あるので、純粋な地区の人は、22世帯だという。

雪が1階の教室の窓２／３を覆うくらい積もっていた。行く途中、エゾシカの群れを見た。自然は豊かであるが、動物の食害がひどく、畑作は厳しい。

この集落は、比較的新しい。昭和の初めに、森林伐採やダム建設のために人が入ってきて集落ができた。２代続いている家は、２軒だけである。

本州から来た人が多く「来る者は拒まず、去る者は追わず」という気風がある。（この言葉は、高知県馬路村の山村留学地で最初に聞いた。）

経過

富村牛は、小・中併設校だ。僻地5級で、教職員にとっては、離島を除けば一番厳しい学校である。実際、私が訪問した山村留学地では最も山奥の集落の一つであった。

２００８年12月に新校舎が完成した。町教委は、児童・生徒が１人になるまで、学校を存続させる方針だという。

１９８４年に、児童・生徒数が10人になり、中学校を閉校する話も出たが、通学が難しくなるため存続が決まった。

１９９６年には、小1が１人、小6が１人、中学生１人となることが予測されたので、町教委は、中学校を休校にし、中学生が増えたら再開する方針だった。

集落の人々の危機感が高まり、「山村留学」を始めたらどうか、という声が出てきた。

６軒の農家が集まって話し合いをした結果、「必要ない」という意見もあったが、「実施する」方向でまとまった。

町教委が中心となって、同じ町内の上佐幌小学校と富村牛小学校の二校が山村留学を実施することになった。(但し、上佐幌小学校は、２００１年に閉校となり、山村留学は廃止された)

富村牛では、山村留学推進協議会が組織された。現在の町教委は山村留学については、学校と地域にまかせている。

最初から親子留学で実施することになる。

住居は、山村留学専用の２軒長屋１棟

一戸建て住宅２軒

２０１４年築の町営住宅２軒１棟

合計６軒が準備されている。

１９９５年中学生を２人受け入れて、始めた。

１９９６年には、小学生を６人、中学生を３人受け入れ、毎年４~８人の山村留学生が来ている。

受け入れ

富村牛に下見に来てもらい、校長・教頭が面接して、概要と趣旨を説明する。山の交流館で地元の人と昼食を共にし、地元の人が面接をする。この時、希望している児童・保護者に「この地域は、うるさいおじさん、おばさんがいるよ。いけないことをすれば、他人の子どもでも叱る」、とはっきり言っておく。

「親子で富村牛を楽しむ」という感触がつかめたら、学校と協議会が話し合ったうえで受け入れることなる。

集落に溶けこみにくそうだな、と判断して断った家庭もある。

下見に来るという条件を付けているのは、その家庭の経済状況や集落に溶けこめるかどうかを見たいからだ。集落をかき混ぜ、地元の子どもに悪影響をもたらす親子は断っている。

体験活動

この地域の体験活動のメインは「グリーンクラブ活動」である。

1972年に始まり、最初は、植樹・自然保護が目的だったが、山村留学協議会会長でもある関谷達司さんが中心になってからは、〝自然に親しむ・楽しむ〟という要素が加わった。

土・日に活動し、結団式、緑の羽根募金活動、市街地清掃活動、山菜採り（テンプラにして会食会）、グリーンハイキング（調理もする）、グリーン登山（トムラウシ）、グリーン植樹、森林学習会、雪踏み、スキー大会、雪の中を歩く、携帯トイレの配布（山が汚れるのを防止する。植物保護）、退団式（餅つき大会）をされている。

この活動のおかげで、山村留学生も、礼儀正しくなり、人間関係も旨く行くようになっている。

秋祭りがある。

学校の行事である、〝学芸会〟では、児童生徒の劇は勿論、地域の大人の劇、母親の劇、教職員の劇もありとてもユニークだ。

山村留学生の満足度・変化

自然指向で来た山村留学生は、釣りなど多くの体験活動に満足している。

不登校の子どもも登校できるようになった。

子どもは馴染んでも、親が溶け込めず、帰った家庭もある。

昆虫が好きな児童は、ここの少人数学級では旨くいっているという。

保護者の話

1人のお母さんの話を聞いた。友人の子どもが屋久島の山村留学に行ったので、自分の子どもも体験させてやりたい、と思った。友人がＨＰを調べて北海道の山村留学一覧表を渡してくれた。富村牛小学校に電話した時に教頭先生が応対され、その話振りから、「この先生は信頼できる」と思い、此所へ来た。
子どもは、お金を使わなくなり、テレビも見なくなった。

家族留学の保護者が、集落に入っていくコツは、集落の行事に参加することです。地域の人・保護者・学校・青年団が一体となって行事に取り組んでいて、行事に顔を出すと、自然に知り合いが増えていきます。

※‥この地区には、青年が18人もいて、極めて珍しい。さらに山村留学推進協議会の方々が魅力的であった。

4 瑞穂小・中学校の山村留学

瑞穂小・中学校

北海道・北見市（旧留辺蘂町）	
最寄駅：	石北本線留辺蘂駅
ＴＥＬ：	連絡先／まきばの里山村留学推進協議会大野勝也 ０１５７・４４・２００３
巻末資料：	A-2 番

運営の主体者が活力ある山村留学地だった。

位置

北海道中央部の東寄り、北見市の西部に位置する。支所がある中心街から離れると家はない。学校から１km手前くらいから家がポツポツ出始める。３つの集落からなり、瑞穂が中心。丸山、花園とある。

集落の様子

55軒くらい、約１２０人ほどの人口である。
広々とした丘陵が広がる。
酪農が主で、畑作は、ビート、夏小麦、ジャガイモ、飼料用トウモロコシ、白花豆（甘納豆の原料）、赤花豆、畜産（肉牛の肥育）がある。
小・中併置校である。

経過

１９９５年頃に小・中合わせて30人を切った。小・中学校が無くなったら集落として成り立たない。
①９年間の一貫教育は素晴らしい、
②縦割り学年の良さ、
③年長の生徒の果たす役割の良さ
があり、何とか学校を残す手だてを、と考えた。「山村留学」があることが分かり、早速調べて、準備会を立ち上げ、道内の３つの山村留学地を見学に行った。

集落の説明会を開いて、小・中学校を卒業している家庭は、「統合された学校に通学してもいいのでは」という意見に対して、小・中学生のいる家庭は、「学校を残したい」、という意見だった。話し合いの結果「山村留学」を実施することになった。

山村留学推進協議会を結成、地域・学校・ＰＴＡ三者が役員になった。

中学校部の大野勝也先生が提案したこともあって、里親を引き受けた。家族留学の住居は、空き家を借りて改修し、備えた。

里親もあるが、家族留学が中心なので、家族留学に分類した。

瑞穂地区の景観

１９９８年に小学生３人が来て、山村留学が始まった。

近年、山村留学生は、毎年４～８人くらいで推移している。

活動内容

①子ども会主催で、遠足、プールで泳ぐ、ヤマメを釣る、湖水浴（サロマ湖）、科学の祭典、スキー

高齢者が講師になって、昔遊び（おはじき等）が行われている。

②学校で、稲作、収穫感謝祭がある。先生方の特技があるときは、菊作りをしたこともある。

③地域では、以前、里親がどんな仕事（農業）をしているか、子ども達に体験させたこともあった。（具体的内容は、その時々で違う）

ある山村留学生は、最初の２ヶ月は、不安定だったが、「自分を認めてくれる」ことが分かってからは、落ち着いた。まじめで、温かい子どもだった。

マラソンで２㎞走って登下校した子どももいた。

私が訪問することが決まってから、山村留学推進協議会が歓迎会を準備して下さり、ありがたく参加させてもらった。14人の方が集まって、多くの質問が出されたが、「小学校の改築に合わせて、山村留学センターを作りたいが、どんな補助金・助成金で建てたか教えて欲しい」というのが一番印象に残っ

た。山留協と新築した山村留学地で聞いた話を伝えた。

また、全国を訪問して、東京で行われている「指導員研修会」への参加を呼びかけて来たが、2012年の5月に2人で参加してくださった山村留学地である。協議会の予算がどの山村留学地も少なく、なかなか東京まで来られないのが実情である。

全国を回ってみて

〝教育は人なり〞は、全国の山村留学地を訪問して確信にまで高められた。「山村留学をめぐる人々」で一冊の本を書きたいぐらいだ。

吉田松陰は教育者

私は、日本において、幕末の長州藩（現山口県）の吉田松陰がすぐれた教育者であったと思う。吉田松陰は、本来は思想家である。彼の思想が江戸幕府を倒し、日本の近代を打ち立てる理念・旗印になった。

その松陰は、アメリカ渡航の企てが露見し、長州藩の萩の牢屋に閉じこめられた。その時、犯罪人ではないのに、性格がねじれているという理由だけで親族が藩に頼んで牢屋に入れられた富永弥兵衛（有隣）がいた。富永と松蔭を含めて12人の囚人がいたが、松蔭は、せっかく同じ所にいるのだから、お互いに持っている特技を学び合おうではないか、と提案し、それぞれが先生になって教え合ったという。富永は書が巧みで、松蔭等11人は書道を学んだ。すると、今まで家族も含めて世の人々から全く認められていなかった富永は生き生きとし、人間として丸味を帯びたという。（この項、司馬遼太郎「世に棲む日々」を参照）

さらに松蔭は、萩の牢屋から出された後、幕府の判断が出るまでの1年8ヶ月の間、有名な松下村塾で教える。この極めて短期間に教えた青少年の中から、後に倒幕に活躍し、明治維新を実現する人物が多数輩出する。私が松陰をすぐれた教育者だと思うのは、「青少年の長所を見抜き、それを本人に伝え自信を持たせた」点である。一例を挙げる。明治の日本を創って行く上で伊藤博文の果たした役割は大きい。松陰は、伊藤博文を「周旋の才がある（人と人の間を調整する力）」と評価した。事実、伊藤博文の歴史上の事実から、その評価は的を射ている。すぐれた人物が、少年・少女に大きな影響を与える。なにも学校の教師だけが教育者ではないのだ。

教育は人なり

青木孝安氏は、教師をやめた。だが、青木氏の創始した山村留学は、子どもを育てる上で影響力の強い教育環境を作り出した。山村留学を終わった保護者をインタビューすると20年、30年経っても青木氏について熱く語られている。その熱さは、聞いている私が圧倒されるほどである。教育というのは〝人〟で成り立つものだ、と強く思う。

全国の山村留学地を訪問して出会った人の中から1人あげる。

鹿児島県中種子町（種子島）岩岡小学校山村留学里親会会長の塩釜進太郎さんである。フェリーから車でおりると、軽ワゴンから1人の男性が降りて、私の車に近づいて来られた。「大阪から来られた三好さんですか？」「えぇ、そうですが」。私は、初めて種子島を訪問し、知人は誰もいないのに、名前を呼ばれて少なからず驚いた。ただ、インタビューの依頼状を出して、承諾の返事はいただいていた。「私、岩岡小学校の山村留学生の里親をしている塩釜といいます。先導しますので付いてきて下さい」「えっ、出迎えて下さったの!?」と本当に驚いた。お言葉に甘えて後ろに付いて走った。

塩釜さんは、奥さんと従業員1人の3人で肉牛を飼育されている。自宅から数百m東の丘陵に牛舎があり、帰途は、西に海が見える。

牛の世話をしているところも見せてもらったが、この時は、1人の農民である。その牛舎の前でビールケースを逆さまにしてお茶を入れた湯飲みを置いて、訥々と語られた。塩釜さんは山村留学生全体のためと、自分が預かっている山村留学生に対して次のような行事を計画し、実施している。

ダグマ（手ながエビ）捕り、カヌー、さつまいもの苗植えと収穫、磯遊び、水ロケット、カニ捕り、竹鉄砲、ヤマイモ掘り、ポンカン・タンカン収穫、一口タコ捕り。

昔の遊びと集落の行事を山村留学生が体験することで、学びや成長があるのだろう。ただただ頭の下がる思いである。

夜、塩釜さんの家に泊めていただき、山村留学生2人と塩釜夫妻で夕食をいただいた。その時の塩釜夫妻の雰囲気が忘れられない。まさしく、山村留学生をわが子として接している父母だった。言葉では言い表せない温かい雰囲気が流れていた。いままで預かった子どもの話を聞くと、もうこれは、本物の教育者である、と素直に納得させせられた。次は、その一例である。

「塩釜家の約束は、
①大きい声で挨拶する。
②『ありがとう』『ごめんなさい』を、はっきり言う。の二つである。
ある山村留学生（小4）は、母親が帰った翌日から『帰りたい』と言って泣きじゃくり、朝も起きてこない。初めは、学校まで送っていきました。

『帰りたい』と言い続けたので、『4月一杯、1ケ月きちんと山村留学生として生活できたら、実家に帰してやる』、と約束しました。風呂へ、毎晩、その子と一緒に入りました。

あと4、5日で4月が終わる夜、その子が『1学期の終わりまでいてもいいか』、と言いました。『あぁ、いいよ』と答えてやった。

その後、私が集落の寄り合いで遅く帰って来ても、一緒に風呂に入るために待っていました。時には、お酒も入り、すぐ寝たい時もありましたが、一緒に風呂に入りました。

こうして、1学期が無事終了しました。

夏休みに実家に帰り、その子は、再び、種子島にやって来たのです。こうして、1年間山村留学をやり通しました。

修了式で、実の父親が、『この子は、実家でも私が、風呂に入っていると、一緒に入るようになりました。父親としてとても喜んでおります。里親の塩釜さんや地区の皆さん、本当にありがとうございました』と発言されました。

子どもを預かって感じることは、『保護者と子どもが、真剣に見つめ合っていない』ということです。」

里親は、最初は、農家の大人である。ところが、何年か里親を続けているうちに、次第に農業等で作られた人格がにじみ出て、素晴らしい教育者に変わっていかれる。

受け入れ農家・里親、山村留学推進協議会（推進委員会・存置委員会の名前もある）の会長・役員、センターの所長や指導員、調理担当者、教委職員、校長先生、教頭先生、教論の３００名を超える方々と出会い、話してきたが、本当に魅力的な方々だった。協議会のメンバーではなく「応援団」と名乗る人々もおられ、これまた話を聞いて魅了される。山村留学は、このような地域の多くの人々によって支えられ、続いているのだ。

#【六】山村留学の効用

修園生と保護者・各山村留学地でのインタビュー、(財)育てる会が実施した7学園400名を超える修園生・保護者へのアンケート調査・聞き取り調査を基にして私の考えをまとめた。

一、山村留学に行って良かったこと

100人くらいにおこなった修園生とその保護者インタビューをまとめると、

1、基本的な生活習慣が身についた。

2、自立心が育った。

※：特に、大学進学でどの科を選ぶか、卒業後、どんな仕事を選ぶか、という人生の節目で親に頼らず、自分で決めている人が多い。

3、人と付き合う時の〝間〟の取り方を学んだ。

4、自然の怖さを知った。

※：特に「闇」の怖さ

5、がまんする力がついた。

※：「欲求不満耐性」のこと。

6、山村留学の市町村・地域が第二の故郷になった。

7、本当の友達ができた。

8、親と離れて生活することによって、今まで当たり前と思っていた親のありがたさを知った。

9、人のやさしさを知った。

10、成人して、仕事をするようになって困難なことがあっても、「山村留学ができたのだから、必ず乗り越えられるはずだ」、と思って、乗り越えて来た。

11、季節が移りかわっていく様子に気づいた。

12、大人になって自分にあった仕事を探し、自分で納得した生き方をしている。

以上のことは、【四】の11人の修園生の話からも分かる。

全国の山村留学地を訪問した時も、数は少ないが、修園した児童生徒の話を聞くことができたが、右記とほぼ同じ評価だった。

私が感じたことを付け加える

①海外留学をしている修園生が、かなりいた。（全国的）現在、外国に住んでいる修園生もいる。

②個性的で魅力的な修園生が多い。

③たとえば八坂美麻学園では、もし見た目の成果が無かったとしても、一年間220日間、毎日小学校で往復8㎞、1760㎞、中学校で13㎞、2860㎞歩いたことが大きな成果で

ある。これで健康な体になったと思う。

二、調査結果

2001年に、「(財)育てる会」は、当時の七学園を修園した山村留学生を対象にして、「山村留学総合効果の検証」を実施した。古い調査だが、これ以外に大規模な調査はない。

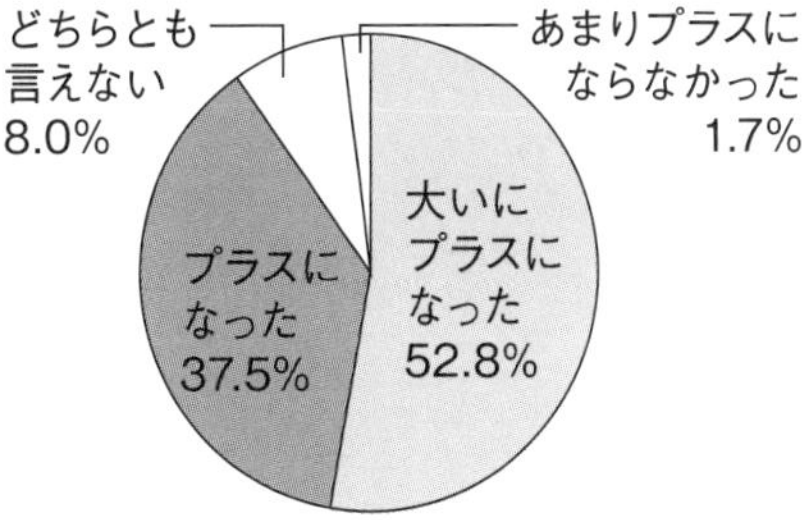

アンケート用紙を次のように発送した。（ ）内は返信数、%は返信率。

山村留学体験者577名（185名32%）

その保護者590名（221名38%）

この返信率の低さは意外である。忙しくて回答を出す余裕がなかったのか、それとも未回答の修園生や保護者にとって山村留学は、それほどいい影響はなかったのだろうか。

報告書は大冊なので、その中から一部を紹介する。

①山村留学は、プラスになったか

「大いにプラスになった」52・8%

「プラスになった」37・5%

を合わせると、実に9割（90・3%）の山村留学生がプラスになったと肯定的に評価している。

「どちらとも言えない」8・0%、

「あまりプラスにならなかった」1・7%

との回答が約1割弱（合わせて9・7%17名）あることも忘れてはならない。

山村留学をするかどうかは、子ども自身の意志で決めることがとても大切だ。いくら内容が良くても、全ての子どもに合っているとは限らないからだ。

インタビューをしてみて「1年目はいじめに会ってつらかったが、2年目は友達ができて楽しかった。

1年でやめたいと思ったが、2年間行って良かった」、という山村留学生の話は印象に残っている。同じ子どもでも一年目はマイナスイメージでも、2年目になると、プラスイメージになっていることが多い。

留学期間が3年以上の子どもは、60・0%がプラス評価で、小学1〜4年生は61・9%が大いにプラスになった、と答えている。

全国を回ってみてもほぼ同様なことが言える。集約すると、

1、小学3、4年生の頃

2、できれば2年間する

の2つが、一番山村留学の効果が出るようである。

②どのような面でプラスになったか

この項目では、回答が14項目挙げられていて、その中から該当する全ての項目を選ぶという方式になっている。（単位：%）

人との付き合い方を身につけた　59・3

自然とのふれあいが楽しめる　58・8

人とのふれあいの大切さが分かった　56・6

プラス思考になった　51・1

友達を得ることができた　47・8

我慢できるようになった　43・3

中でも見過ごしてならないのは、

親との関係が良くなった　14・8

点である。

この数値を見る限り、「自然の中で暮らすことにより、子どもが持っている力を子ども自身の力で育てる」という青木孝安氏の教育理念は、実現できている。

現代の子どもの実態から見ると、43・3%の子どもが我慢できるようになったことには、驚かされる。

これらの数値は、修園生と保護者のインタビューとも一致する。

親との関係が良くなったとの回答は、実数で25名である。今の親子関係の寒々とした実態から見ると、素晴らしい効果だと思う。

私が、今、息子や娘と楽しく語り合えているのは、

子どもが山村留学に行って、お互いに変わったからだと思う。（【二】山村留学は、親育てに既述）

三、山村留学生の保護者からは

1、わが子の良さを改めて知った。
2、子どもの自主性・我慢強さ・人とのつきあい方など、成長したことを実感できた。
3、親同士の交流によって、いろいろな子育てや教育観があることを知った。
4、いろいろな職業の親がいて、交流することで、親自身が成長した。
5、親同士が社会的身分の垣根を取り払ってつきあえた。
6、子どもと離れたことによって、子どものことを話す機会が増えて、夫婦仲が良くなった。
7、食べ物の好き嫌いがなくなった。
8、喘息やアトピーが治った。
の答えが返って来ている。

四、地域に対して

全国で３００人を超える山村留学関係者にインタビューした。その結果、
1、集落の命としての学校が続いている。
2、複式学級を避けることができた。
3、教職員の人数が維持できた。
4、山村留学生によって子どもが増え、行事に参加するので、お祭りや年中行事が賑やかになり、地域に明るさと活気をもたらした。
5、地域に子どもの声が響き、わら細工を教えたり、伝統食の作り方を教えるなど、高齢者に生きがいをもたらした。
6、地域の子どもと都市から来た子どもが切磋琢磨し、互いに良い影響を与えた。
7、山村留学生が来たことによってチームスポーツ（サッカー・バレーボール・ソフトボール・野球など）や団体戦（剣道・卓球など）の大会に出場できるようになった。
8、山村留学に取り組むことによって地域の団結

が高まり、他にも取り組むようになった。
9、地域で買い物をするので地域がうるおう。(食材、日用品)
10、都市と村の交流ができる

自治体に対して

1、地方交付税交付金の増額
2、山村留学生や保護者、そのOBが宿泊し、食事をし、観光をし、物産を購入する。
3、マスコミの取材などで市町村の名前が広まる。
4、地域の人と山村留学生が結婚する。(人口増)
5、山村留学生が地域に移住してくる。(人口増)
6、山村留学が終わったあと、その地域が気に入り、家族ぐるみ都市から移住してくる。(人口増)

【七】山村留学の課題と展望

「山村留学」は、児童生徒に大きな良い教育効果をあげてきた。しかし、今でも「山村留学」の知名度は低い。
　全国に「山村留学」を知ってもらうための方策を考え山村留学のかかえている課題を明らかにした。

私が、自分の子どもを山村留学に出した体験や、全国の山村留学地を調査した結果から、今後の山村留学の発展を願って私の考えを述べる。

（公財）「育てる会」が関わる7つの学園は、私の子どもの出身学園があること、短期山村留学のリーダーとして何度も行っているから、少しは分かっているつもりである。「育てる会」以外の併用式の1山村留学地、センター方式の6山村留学地は、複数回訪問したが、他の山村留学地は、1泊2日または2泊3日の調査のため（現在は、廃止・中止も含む）、理解が浅く、不十分さがあるかもしれない。もし、間違っていたらご指摘をいただきたいし、お許し下さい。

一、山村留学の定義と教育理念

「山村留学」の定義は、

〝都市部の小・中学生が、親元を離れ、住民票を移して、地方の小規模の小学校や中学校へ1年間通学する。住む所は、月の半分はセンター、後の半分は、里親の家で暮らす。または、1年間センターで暮らす、里親宅で暮らす。センターには、専任の指導員が配置されており、子ども達の生活全体・食事・病気への対応・土日の野外活動の指導などを行う。子どもは、異年齢集団の中で暮らす。〟である。

「山村留学」は、何よりも将来の日本を背負う子どもを育成することが第一の目標であって、過疎対策、学校の存続、複式学級の解消、教職員の数を確保することは「山村留学」を実施している結果起こる副次的なことである。

山村留学の教育理念は、

〝自然の中で、子どもが暮らすことにより、子どもが持つ才能を子ども自らが育てる〟ことを基本とし、

村の中で暮らすことによって

ア、車社会から離れ、自らの足で歩く

イ、金銭を使う生活から離れる。

この2つを基盤にして

子どもの自主性を尊重しながら、

①欲求不満耐性を作る（がまんする力）

②子どもの自立心を育成する
③基本的生活習慣を身に付ける
を育てることである。
☆山村留学は、自然豊かな地方の公立小・中学校で学ぶことが前提なので、各山村留学地は、小・中学校との連携が密であり、今後もいっそう連携を深める必要がある。いくつかの山村留学地で、山村留学を実施している団体と学校の間でギクシャクしていた。

二、山村留学生に来てもらうために

各地の山村留学地が望んでいることの1つは、山村留学生が来てくれることである。そのことをNPO法人・全国山村留学協会（略称：山留協）に求める山村留学地がある。

しかし、これは無理な要望である。例えば、大学・高校は、自分の学校の魅力を作り、広報して学生を集めている。各山村留学地も魅力を創造し、実践し、実績を作って、それを宣伝してこそ、山村留学生が集まると思う。

山口県岩国市（旧本郷村）、福岡県八女市（旧星野村）は、とりたてた広報はしていないが、毎年一定の山村留学生が集まっている。実績が口コミで広がるからだ。

ネーミングも大切である。典型は鹿児島県南種子町の〝宇宙留学〟である。ポスターも魅力的である。確かに、ロケット発射基地はあるが、別に宇宙に関する特別の活動内容があるわけではない。ロケット発射が見学できるくらいだ。だが、毎年多くの山村留学希望者がある。

指導員の生活がかかっているし、子どもが相手なので、物を動かすように、おいそれとは紹介できないのはよく分かるが、もっと山村留学関係者が知恵を出し合って打開して行くことができないものか。

（小学生のみを対象とするA山村留学地が、つながりのある小・中学生を対象とするB山村留学地を紹介する、という事例はかなりある。）

☆山村留学生の人数の減少

２００４年　８６６名　これがピーク

（全国小・中学生総数約１０８６万人の０・００８％）

２０１２年　５１０名
２０１３年　５５７名　やや持ち直す
２０１４年　４８８名
（全国小・中学生総数約１０２２万人の０・００５％）

となり、ピーク時の約56％まで減少した。

また山村留学を実施している所も
２００３年　１０２自治体
２０１４年　62自治体
まで減少している。（これは、平成の大合併で自治体が減少したことを考慮する必要がある。）

素晴らしい教育効果をあげている山村留学地や参加人数が共に減少しているのはとても残念である。

新しく実施する所を増やすことは難しいだろうが、せめて既存の山村留学地へ参加する山村留学生を増やしたい。当面１０００名（全国小・中学生１０２２万人の０・０１％）の山村留学生が在園することを強く願っている。

☆山村留学生を増やすには

（1）広報をする

とにかく、「山村留学」という教育の一つの方法が子育てしている保護者に知られていない。子育て真っ最中の保護者に向けて知らせて行く必要がある。とりわけ、お母さんに対して広報することが求められる。

①全国山村留学協会が、東京で開く総会に合わせて各山村留学地のブースを開いて、その特色を広報する。

②全国山村留学協会主催で、札幌・仙台・東京・横浜・名古屋・京都・大阪・神戸・広島・福岡・鹿児島・那覇で山村留学説明会を開催する。この１２都市に近い山村留学地は、説明会に出席してもらう。

③お母さん方が多く集まる会合や集会、婦団連の会合、母親大会、新婦人全国大会等に許可をもらい、宣伝リーフレットを配布する。

④全国の山村留学地を繋ぐ宣伝キャラバンを行う。沖縄県久高島（最南端）を出発し、北海道の美深

町仁宇布（最北端）を終着点にする。各山村留学地の山村留学生と修園生・保護者・関係者が山村留学地をつないで歩き、「山村留学」を知らせる。原水爆禁止世界大会が、東京から広島まで平和行進をして社会に知らせた教訓に学ぶ。

宿泊は、センターや里親方式の所は公民館に頼む。HPを開いている山村留学地は多いが、「山村留学」を知らなければ、HPに行かない。

とにかく、外に打って出ることが大切である。マスコミに頼るのも一つの方法だが、まずは、自力で発信する。マスコミは、話題性がないと、取り上げてくれない。1980年代には、多くの報道があったが、近年は少ない。

（2）山村留学生に来てもらうには

①「育てる会」や長野県泰阜村や山口県岩国市本郷、福岡県八女市星野等に学んで、良い山村留学を実施し、修園生の保護者に口コミで広めてもらう。口コミは、かなり有効で、他の山村留学地でも口コミで山村留学生が来てくれる場合がかなりあった。まず、修園生の名簿を整備して、連絡をとってみる。そして、保護者から知っている方へリーフレットなどを配ってもらう。

②予算があれば、「育てる会」や長野県泰阜村〝だいだらぼっち〟に学んで自分の山村留学地に近い大都市で説明会を開く。会場は、公的施設を使用する。北海道の山村留学地の中には、修園した子どもの保護者に協力してもらい大都市で説明会をしていた所もある。その際、説明会場の自治体の広報紙に日時・場所を載せてもらう。新聞は、地方紙（関西なら京都新聞、神戸新聞）にお願いしてみる。タウン誌・紙も有効かもしれない。

③山形県川西町東沢に学んで自分の自治体と友好都市を結んでいる都市があれば、そこに重点的に広報してみる。

④鹿児島県霧島市永水小学校校区に学んで、自分の地区の長所を見つけ出し、地区内めぐり（村内めぐり）を実施し、広報する。（永水小学校校区は、観光名所があるわけではない。しかし、地区内を歩けば、日本の農村のよさを満喫できる。

もう一例挙げる。北海道鹿追町瓜幕は、観光名所的な所は、私が見た限りでは乗馬ができる牧場くらいだった。しかし、この広大な平原はどうだろう。夏の緑の大地、冬の雪原は素晴らしい。こういう広々とした所で生活すれば、山村留学生の心も多分広やかになるだろう。このような長所を広報する。

一般的に、自分の住んでいる所の長所を認識していない人々が多いような気がする。私が「この地区は、川の流れが美しい」「この民俗芸能・文化が素晴らしい」と言っても「たいしたものではない」という返事が返ってくる。見なれていると平凡かもしれないが、都市部からやってくる人には、また違って見えるのである。

山村留学が始まった当初、八坂村では、農家の建物自体が都市部の子どもには珍しかったこと、観光名所は無いが、村を巡ると色々な道祖神があり、北アルプスが見え、化石の出る所もあった。地区の中には、必ず何か、都市の子どもと保護者を惹きつけるものがある。星空の美しさ、空気が澄んでいる、野菜が美味しい等、地域住民でもう一度見直してほしい。修園生の意見を聞いてみるのも一つの方法である。地区の長所が見つかったら、幾つかのコースを作り村内巡りを計画、広報、実施して行く。地区内めぐりの記事が目に留まると思う。

⑤今は、パソコンの時代である。私は、アナログ世代だが、HPは見ている。現在山村留学を実施している所は、忙しいと思うが、1ケ月に1回くらいは更新してほしい。その時、子どもの感想、子どもの表情が活き活きしている場面、その地区独自の風景や活動を載せてほしい。稲作・畑作は、多くの山村留学地でやっているので目新しさがない。

例えば、島根県大田市三瓶こだま学園なら、「石見神楽」の練習風景を載せるとか、鹿児島県中種子町岩岡小学校なら、海で行う港から港までカヌーを漕いで行く風景である。カヌーは静止水面なら多くの山村留学地がやっているが海でしている所は少ない。

三、指導員の養成と身分保障

①併用式とセンター方式の指導員は、子どもに

とって山村留学が意義あるものになるかどうかの重要な鍵となる。指導員を養成する方法として二つ考えられる。

Aの方法

大学または専門学校で養成し、全国62ヶ所の山村留学地に就職できるようにする。

Bの方法

全国の先進的な併用式、センター方式の山村留学地に指導員養成を依託する。(指導員を必要とする自治体や山村留学実施団体は、人員をこの養成機関に2年または3年間、研修に出す)

そこで、指導員を専門職として位置付け、養成課程を修了した者には教員と同じように免許証を与えるようにしたらどうだろうか。その育成費用は、国と自治体が負担する。

なお、併用式とセンター方式指導員は、山村留学生・里親・地域住民・学校・地域の人(藁細工、畑作、稲作等を指導してもらう)を結びつけるコーディネーターの役割をもたせる。また、里親方式、家族留学の所にも指導員を配置することが望ましい。

②指導員の身分保障をするべきだと考える。生活できる給与、健康保険または国民健康保険、国民年金、所得税、失業保険等を保障する。全国を見て回って思うが、情熱を持って指導員になっても、生活できる給料や社会保険が保障されていないため結婚・子育てを考えた時、辞めていかざるを得ない実態がある。

四、里親の確保

里親は、農業・林業・漁業をしている人が理想である。しかし、高齢化が進み、このままでは、併用式と里親方式は見通しが暗い。

思い切って、山村留学の趣旨に賛同してくれる家庭も里親の対象にしたらどうだろうか。実際、建具師や定年退職された方が里親をしておられた。

五、併用式を広げる

どの地域も高齢化が進み、里親になる人が少なくなってきた。センター方式では、指導員が1〜2名の所では、休みが取りにくく、連続勤務で過労になり指導員の定着が難しい。里親も指導員も休みが取れる併用式が望ましい、と思う。山村留学生にとっても、併用式だと、里親の所でホッとする場所ができる。

六、NPO法人・全国山村留学協会の認知度を高める

唯一の山村留学実施地の全国組織NPO法人全国山村留学協会（略称・山留協）[※1]の加盟団体は、全国68自治体（2013年）の中で、わずか16団体しか加盟していない。組織率22%である。100以上の自治体が山村留学を実施していた最盛期の頃は、50余団体が加盟していた。

全国山村留学協会に加盟する団体をせめて50%（34団体）まで増やす必要がある。政府や自治体に働きかける時、加盟団体が多いほど訴える力が強くなるからである。

なぜ、参加団体が少ないのか。

①加盟費が年額5万円と高い。地域主導の山村留学地は運営予算が少なく、加盟費が出せない。加盟費は、年間1万円くらいにするといいのではないか。

②加盟しても見返りがほとんど無い、という声が各地の山村留学地の中心的役割を果たしている人からあった。

ア、年に1回「全国の山村留学実態調査報告書」が送られて来る

イ、全国山村留学協会のHPに、加盟団体が掲載される。

の二つが加盟しているメリットである。

③加盟されていても退会される山村留学地がある。

④各地の山村留学地は、強烈な個性を持った人が中心になっていることが多い。強烈な思いがないと「他人の子どもを預かり育てる」ことはできない、それは理解できる。ハッキリ言

うなら、「一匹狼」に終わっている。

さらに、実践することで精一杯、他の所のことまで考える余裕がない、ましてや全国的な視野で考えることはほとんどないように思えた。その視野の狭さが気になる。

⑤全国山村留学協会の中心的な役割を果たさなければならない（公財）「育てる会」が加盟を増やすことに消極的であるように思う。「実践内容でレベルが違う」という意識がチラホラ見える。全国の山村留学地の内容に差があるのは事実だ。しかし、私が訪ねた各山村留学地はそれぞれ熱心に取り組んでおられる。
全国を回って見て、「育てる会」の山村留学の実践は、毎年7学園で90名前後の山村留学生が来るのだから教育内容・活動内容・実績を持っている、と評価できる。特に収穫祭の個人体験発表と恒常的父母会の組織化は、他の追随を許さない。

だからこそ、山村留学の創始者団体として度量を持って加盟団体を増やし、運営のノウハウも提供して、全国の山村留学地の質的向上を図って欲しい、と思う。

※1：「全国山村留学協会（山留協）」を退職校長が勝手にやっている団体と思われていることがある。その誤解を解く必要がある。

七、山村留学地の悩み

(1) 孤立している

センター方式も、里親方式も、悩みを抱えておられる。全国山村留学協会で
①併用式部会
②センター方式部会
③里親方式部会
をそれぞれ組織して、研修会などを、各地域で行い、参加しやすくする。[※1] 山留協総会も東京に固定せず、1年に1回各地域（北海道・東北など8地域）順番に開いたらどうだろうか。

ほとんどの山村留学地は単独で活動しており、孤立している。全国の山村留学地を回ってそのことを

痛感した。

（2）情報が伝わらない

山村留学に関わる情報が山留協加盟団体でも伝わっていない所があった。たとえば「夢基金」という助成金があることを知らない山村留学地があった。未加盟団体になると、全国の情勢は本当に知られていない。せめて、全国や各省庁の山村留学に関わる情報をＮＰＯ全国山村留学協会がニュースを季刊発行し、知らせることはできないだろうか。

（3）運営資金の不足

各地域の山村留学推進協議会（推進委員会、存置委員会）の運営資金を国・道府県・自治体のいずれかが援助できるようにしてほしい。

ＨＰを開いて山村留学生を募集する費用、更新する費用、募集パンフレット作成、郵送料、ポスター制作費用、東京や地方別で行われる山村留学研修会に参加する費用[※2]、会議費などが必要だが、私の調査では、10～40万円程度で運営資金が全く足りていない。

☆国も提案している

２０１５年度、『地域提案型の学校を核とした地域魅力化事業』として、四つの例が出されており、その一つに「山村留学」があげられている。1億1百万円の予算要求がされており、都道府県・市区町村に出され５０市区町村分を補助するといわれている。1事業２００万円くらいになる。

手続きが煩雑かも知れないが、関心を持たれたら、市区町村に問い合わせてみると良い。

※1：この点は、２００７年度から、九州・四国・中国・近畿・中部地方で研修会が開かれるようになった。関東・東北・北海道では、まだ開催されていない。情報交換をして悩みを相談しあえる場になっている。（p．２０５参照）

※2：東京の山留協総会や研修会に1泊2日で参加すると、北海道・九州からだと旅費・食費・宿泊費で一人最低5万円はかかる。

八、家族留学をどう見るか

私は、家族留学については、山村留学とは違うものと考えていた。その理由は、子どもが保護者から離れていないので、子どもの自立心を養うこと等、「一、山村留学の定義と教育理念」に述べたことを達成するのが難しいと考えたからだ。

最初、家族留学の山村留学地の訪問はしない、と決めていたが、念のためと思いなおし、北海道・置戸町の家族留学を訪問した。この訪問で、家族留学に携わっておられる地元関係者の方々の奮闘・努力・熱意に心をうたれた。この本に取り上げた家族留学の三地域も同様である。

全国を回った時、里親方式でやっておられる所で「家族留学は、子どもが親から離れていないので山村留学の中には入らない、と思う」という意見を聞いた。山村留学を調査する団体でも、家族留学を山村留学として見る考えと山村留学とは別のものとする考えがあることを知った。私は、家族留学の保護者のインタビューは、6山村留学地8人、修園生は0である。そのため、家族留学についての意見を述べるのはまだ早いと思う。今後、家族留学の修園生や保護者のインタビューをした上で考えたい。

【八】山村留学へ出す時の留意点

わが子を山村留学へ出す時に、保護者がどんなことに気をつけて山村留学地を選択したらよいのか、私たちの経験やインタビューの中からまとめてみた。

私の子どもを山村留学に出した時の経験を元にして、(公財)「育てる会」が関係する7学園や、全国を調査をして分かったことを参考にしながら述べる。

一、山村留学に行くまでの準備

①山村留学学園説明会があるので、行って話を聞く。そこには、現地の学園で実際に指導している指導員や「育てる会」代表理事または事務局の職員が出席するので山村留学の内容が具体的に分かる。(7月と12月か1月に行われる)また、現役の保護者や保護者OBが参加することもあるので話を聞くとよい。

②説明会を聞いた後、(公財)「育てる会」では、夏・冬・春休みに4泊5日の短期山村留学を実施しているので、興味がある人は、そこに参加してみることを勧める。参加した子どもの反応をよく見ることが大切である。夏休みには、12泊13日の長期班もあるので、そこに参加すると山村留学に行けるかどうか、だいたい判断できる。私の子どもは、短期山村留学に8回、長期班には山村留学する前年に1回参加して、子どもが「面白かった」と言ったので出すことを決めた。

全国の山村留学地でも4泊5日の短期山村留学を実施している所が多いし、1泊2日で体験留学して下さい、という所もある。ほとんどの山村留学地は、現地に必ず一度は来ることを義務づけている所が多い。

③本人が行く気になったら、「育てる会」の親子面接会に行く。(2月頃、東京、名古屋、大阪、神戸、広島で行われることが多い)

ア、面接(児童・生徒と保護者)

イ、用紙にいままでの自然体験を記入

ウ、子どもの性格の特長を見る検査

その場に指導員が来ているので、子どもについて気になることを話しておく。(持病、性格、

生い立ちなど）

④入園許可は、その後、郵送で来る。

希望者全員に入園許可がおりるとは限らない。短期山村留学の参加が、山村留学の必要条件ではない。あくまで、短期山村留学に参加すると子どもと保護者が判断しやすい、という意味である。（実際、娘は何回も参加していたが、1回だけ娘と娘の同級生が、一緒に行って、同級生は「あんな、テレビの無い所は、私には耐えられない。アンタ、よう何回も行くなぁー」と感想を述べている）

全国の山村留学地では、1泊2日の現地体験留学の時に面接を行い、留学について、その日に返事がもらえる所もある。

併用式やセンター方式の山村留学地では、応募者が多く、かなりの人数を断っている所もある。

二、保護者に気を付けてほしいこと

①**まず、子どもの気持ちを大切にしてほしい。子どもが行く気になった時に後押しする姿勢でいてほしい。親元を離れて生活するのは、子どもである。今まで体験したことのない自然体験や相当厳しい生活が待っている。子どものやる気が最も大切である。**

親の方が、自然風景にぞっこん惚れ込んで子どもを山村留学に出す例がある。（北海道・長野県・沖縄県にある山村留学地に多い）この場合、子どもはやる気がなく、途中で退園することが多い。

②山村留学は、4つの形式があることはすでに述べた。どれが自分の子どもに合っているか、家族で話し合ってほしい。4つの形式は、それぞれ、かなりイメージ・体験に差があるので十分検討していただきたい。

どの形式を選択するにしろ、「子どもがお世話になる」という謙虚な気持ちで山村留学に行くことが望ましい。時々、「費用を払っているのだから、やってくれて当然だ」という態度の保護者が見られる。しかし、山村留学は、子ども、保護者、指導員、センター、里親、学校、地域住民が共に手を携えてやってこそ成果が挙がる。

　家族留学は、子どもは、溶け込んでも、親の方が溶け込めずに途中で帰ったり、1年後に「こんなはずではなかった」という思いを抱いて帰る例があった。都会生活の意識から抜け出せない、あるいは地域の中にうまく溶けこむ自信がないと思う保護者は、選択しない方がよい。

③多くの山村留学地は、HPを開いているので、各地の山村留学の概要をつかむと良い。巻末に全国山村留学地の一覧表を掲載しているので参考にしてほしい。【五】全国の山村留学地、で紹介したのは、ほんの一部である。

④山村留学体験者の話を聞く。多くの山村留学地では、あなたの住所地の近くに住む体験者を紹介してくれる。

⑤診療所、病院の有無を聞いておく。歯の治療は、山村留学に行く前に治しておくのが望ましい。

⑥全国を調査して、子どもを出したのはいいが、お母さんが心配のあまり毎週山村留学地に来る例があった。普通、どこの山村留学地も一学期は、保護者の訪問をことわっている所が多い。一旦、出したら山村留学地の人々を信頼することである。私が調査した山村留学地全てが、山村留学生の安全には、それなりに配慮されていた。

三、現地に行ってから

①山村留学関係者である、

ア、センター所長、主任指導員（主任相談員）、指導員（相談員）、

イ、山村留学推進委員会（協議会、存置委員会などの名称もある）委員長・会長または役員、事務局長、

ウ、教育委員会担当職員、

エ、小・中学校の校長先生、教頭先生、教諭、

オ、里親

のいずれかの方と話をすることになる。会って話を聞いた人と子ども・保護者が感覚的に合うかどうかを見極める。教育は人と人との関わりなのでこの点を重視し、把握することが大切だ。

②自然環境を見て、直感的に「ここなら暮らしても良い」と思えるかどうかを考える。

③通学する小学校または中学校を見学し、子どもに合うかどうかを判断する。たとえば、在校生が来客に「こんにちは」と挨拶する学校は、まず良い学校と判断していい。

④毎年、何人くらいの山村留学生がいるのか。併用式とセンター方式の場合、10名以上が来ているのが望ましい。

ア、集団生活の良さが発揮できる。

イ、活気があり、躍動感がある。

ウ、経営が安定している可能性が高い。

なお、センターが、10名定員の所もあるので、その場合は、10名近い人数が来ていればよい。

里親方式の場合は、山村留学生の人数はあまり気にしなくてよい。

⑤小・中学生を対象としている所は、小学生が多く、中学生は少ない方がいい。小学生が萎縮しないで暮らせるからである。

⑥小学生対象なのか、小学校の何年生から対象なのか、小・中学生対象なのか。子どもによっては小学生のみの所が良い場合もあるし、小・中一緒でも大丈夫な子どももいる。私が訪問した中で、中学生のみ対象という所も1ケ所あった。

⑦山村留学の費用、学校の費用、小遣い、保護者の旅費・宿泊費等を調べて、経済的に可能かどうかを検討する必要がある。また、北海道の自治体によっては山村留学に来る家庭に山村留学費用の一部を補助・旅費補助を出している所もある。私の手元に各山村留学地の費用はあるが、2004~13年の長期にわたって調査しているため古くなっている。最新の費用は現地で聞いてほしい。

⑧学校までの距離を知る。親も一緒に歩くと良い。

歩く距離は2～4㎞が良い。山村留学の良さが発揮できる。以下の三点は全国共通である。

ア、歩くことでお腹がすき、何でも食べられるようになり、好き嫌いが無くなる可能性が高い。

イ、体調が良くなる。喘息とアトピーがなおる子どもが多い。

ウ、通学路で自然に触れ、四季の変化を感じられるようになる

⑨親・保護者が山村留学地に来る回数を知る。現在は、共働きが多いので山村留学地に来ることができるかどうか、経済的負担が可能かどうか判断する。子どもの預けっぱなしは、厳に慎む。

⑩運営の主体を知る。（自治体運営なのか、社会教育団体なのか、NPOなのか等）

⑪併用式とセンター方式の場合、山村留学生5人に対して1人の指導員・職員がいるかを確かめる。理想は3人につき1人である。

⑫中途退園の有無と退園理由を聞いておく。中途退園の理由は、子どもは乗り気ではなかったが親の強いすすめで来た場合、親が転勤になった場合、経済的な理由の場合が多い。1年に1人くらいなら、問題ない。3人以上いたら考える必要がある。

⑬その土地によって体験できる活動は全く異なるので、どんな体験ができるかを知っておく。

⑭連絡方法を知る。山村留学地によって違う。（ハガキのみの所、電話を掛けることができる所もある）

以上を聞いておくとよい。里親の話が聞けたら良いが、私の経験ではなかなか難しい。農作業に出ておられたり、仕事に出ておられることが多いからである。

四、課題を抱えた子どもの受け入れ

不登校、LD（学習障害）、ADHD（注意欠陥多動性障害）、アスペルガー症候群を抱える児童生

徒については、受け入れてもらえるかどうかは、各山村留学地で異なる。はっきり、「受け入れはできません」と募集要項に明記されている山村留学地もある。山村留学は、治療機関ではないし、専門的な知識があるわけでもない。しかし、親が何とかしたい、私たちもがんばるから手助けしてほしいという姿勢があれば可能性はある。大事なことは、親も一緒になって取り組む姿勢が大切だと思う。なかには、わが子の状態を正しく認識しようとしない保護者がいる。入園後、指導員が「検査を受けてみたらどうですか」と助言しても拒否されることがある。指導員は、長年、多くの児童生徒を見ているので、児童生徒の状態を正しく見抜く目を持っている。全国の山村留学地を訪問してみると、10名以上の山村留学生がいると、1名ぐらいはいる所もある。

五、親の心構え

保護者は、山村留学に子どもを出すにあたって、野外活動をする危険性について十分認識して欲しい。けがもあるし、万が一、事故が起こった時に後悔しないかどうかを前もって保護者で話し合っておく必要がある。私たちは、十分話し合い、『何が起きても、後悔しない』ことを確認してから子どもを山村留学に出した。

以上のことを参考にしていただけると私としては嬉しい。読者の子どもさんが、良い山村留学を体験されることを心から願っています。

おわりにあたって

2003年に全国の山村留学地を訪問し、修園した山村留学生とその保護者のインタビューを始めてから11年がたった。2007年頃に一度まとめようとしたが、文章が硬い、面白くないという批評を家族や他の人から受けて一度は挫折した。回り道をしたが、出版までこぎつけた。

これは、青木孝安先生の変わらない励ましと、私の取り組みを高く評価して下さったことが大きかった。ありがとうございました。

文章が易しく、面白くなったかどうか、あまり自信がない。家族には、「文章が硬い」と言われ続けた。『文は人なり』といわれるが、遠回りをしたわりに、人間性は、簡単に変わるものではない、としみじみ思う。

【三】山村留学のはじまり―育てる会小史―を初めとして、全体が記録を重視したあまりに、細かすぎたかもしれない。

この本によって、『山村留学』という教育の一つの方法を子育てされている保護者、教育研究者、教育関係者（教育委員会、教職員）、地方の小さい自治体や集落の方々に知っていただき、山村留学生が増えることを願い、『山村留学』がこれからも発展し続けていくことを心から期待します。

訪問した全国の山村留学地で３４０余人、修園した山村留学生とその保護者１００人、総計４５０人に近い方々にインタビューをさせていただいた。

【五】全国の山村留学地では、取り上げた25山村留学地へ原稿を送り校正していただいた。表・裏表紙、文中のイラストや似顔絵は、八坂美麻学園元指導員奥村万希子さんに描いていただいた。

【一】山村留学の1年間については、八坂美麻学園の元指導員野高健司さんに助言していただいた。

【三】山村留学の始まり―「育てる会」小史―に使用した写真は、「育てる会」東京本部秋山雅光さんと八坂美麻学園の元指導員野高健司さんに探してもらった。

各章扉の写真とp．１０９の写真は、１９７０年代の山村留学生の情景写真で、八坂６、７期の修園生佐藤浩一さんから使用許可をいただいた。亡くなられたお父さんの汎《ひろし》氏が撮影されたものである。

巻末資料の全国山村留学実施地一覧は、ＮＰＯ法人全国山村留学協会事務局秋山雅光さんから提供していただいた。

以上、多くの方のご協力に心から感謝いたします。ありがとうございました。

写真の提供者名がないのは、すべて三好が撮ったものです。

妻・裕子の校正と鋭い批判にはタジタジとなったが、少しでも分かりやすい文章になるように校正してくれ、本を出すことには一貫して積極的に応援してくれた。

山村留学の体験者である2人の子どもも、私を激励し、新しく原稿を書いてくれた。家族の協力に感謝します。

編集と校正の助言・出版に尽力していただいた悠光堂の三坂輝さん、遠藤由子さんには数々の要望を聞いていただき感謝します。ありがとうございました。

なお、【三】に使用・引用した新聞記事については、すべて新聞社の許可をいただいている。

大阪・茨木の自宅で　三好惇二

２０１５年５月

参考文献

戦後教育の歴史　五十嵐　顕、伊ヶ崎　暁生　編著　青木書店（１９７８）
戦後日本の歴史　井上　清　現代評論社（１９６６）
戦後史　中村　政則　岩波新書（２００５）
日本の過疎地帯　今井　幸彦　編著　岩波新書（１９６８）
農山村は消滅しない　小田切　徳美　岩波新書（２０１４）
子どもの人生と自然体験　青木　孝安　育てる会（１９９９）
育てる会37年の歩み　育てる会　編　非売品（２００５）
山村留学の原点をみる　育てる会　編　非売品（２０１２）
月刊誌「育てる」（１９７５〜２０１４）
山村留学総合効果の検証　育てる会（２００２）
小・中学生の農山村における長期生活体験（山村留学）の教育的意味　岡崎　友典、小針　誠、大畠　常靖　放送大学研究報第20号（２００２）
山村留学と子ども・学校・地域　川前　あゆみ、玉井　康之　高文堂出版社（２００５）
学校不適応を経験した子どもに関する臨床教育学的研究　川原　誠　修士学位論文（２００６）
山村留学の社会的価値　山下　稔哉　博士学位論文（２０１１）
平13年版・全国の山村留学実施状況調査報告書　育てる会（２００１）
平17年版・全国の山村留学実態調査報告書　育てる会（２００６）
平18年版・全国の山村留学実態調査報告書　育てる会（２００７）
年度別・全国の山村留学実態調査報告書　育てる会（２００３〜０５、０８〜１４）
山村留学　―生きかえった都会っ子―　旭丘　光志　現代出版（１９８２）
明日に生きる　北　喜八郎　近畿過疎へき地教育振興同志会（１９８８）
美利河の里の都会っ子　丸山　良祐、丸山　照子　北海道新聞社（１９９９）
山村留学と生きる力　国分　紘子　教育評論社（２００６）

奇跡の村の物語　辻　英之　農文協（2011）
山もりのババたち　玄番　真紀子　凱風社（2003）
漁火　海の学校　梅田　俊作　作・絵　ポプラ社（2006）
八坂村山村留学20周年記念誌（1996）
八坂美麻学園修園記念文集（1998〜99、2000〜02年）
売木村山村留学20周年記念誌（2003）
ひじりの空・山村留学大岡ひじり学園10周年記念誌（2007）
三瓶こだま学園・開設10周年記念誌（2014）
羽茂自然学園『和顔愛語』―学園便り―（2007）
子どもの森・王滝村教育交流センター修村記念文集（2010）
美山山村留学10周年記念誌（2007）
野忽那小学校・瀬戸内シーサイド留学20周年（2007）
広田村山村留学10年の歩み（2001）

ニラーハラーへの旅立ち　―富田美江子遺稿・追悼文集（2004）
美利河小学校開校百周年記念誌『美利河』（2002）
吉野小学校山村留学十周年記念誌『夢色の森』（1998）
こまくさ山村留学推進協議会10周年記念誌・支湧別小（2001）
新城山村留学十年の歩み記念誌（1991）
山村留学20周年記念誌・道谷小学校（2002）
下居辺小の教育（2008）
峰浜小学校ふるさと留学10年の歩み（2006）
かがやきいっぱいの教育・中斗美小学校（2008）
吉田　松陰　河上　徹太郎　中公文庫（1979）
吉田　松陰　奈良本　辰也、真田　幸隆　訳・編　角川文庫（1977）
吉田　松陰　奈良本　辰也　岩波新書（1951）
世に棲む日日　司馬　遼太郎　文芸春秋（1971）

巻末資料：〔A〕全国山村留学地　一覧表

番号	市町村	学校名	担当者（敬称略）	職名	電話	メモ	協議会
北海道							
1	**雄武町**	**共栄小**			0158-84-3907		
		幌内小			0158-86-2003		○
2	**北見市**	**瑞穂小** **瑞穂中**	**大野勝世**		0157-44-2003	併設	○
3	**清里町**	**緑町小**			0157-27-5175		○
4	**黒松内町**	白井川小 白井川中			0136-77-2012		**センター**
5	**鹿追町**	瓜幕小	**秋田芳通**	留連協会長	0156-67-2533		○
		瓜幕中					**センター**
6	**新得町**	**富村牛小** **富村牛中**			0156-65-3064	併設	○
7	**東神楽町**	**志比内小**			0166-96-2146		○
8	**日高町**	**里平小**			01456-8-3438		○
9	**美深町**	**仁宇布小** **仁宇布中**			01656-2-4003	併設	○ **センター**
10	むかわ町	富内小			0145-46-6036		
11	西興部村	上興部小			0158-87-2719		
12	平取町	振内小			01457-3-3224		
13	**芽室町**	上美生小 上美生中			0155-62-9729		○ **センター**
14	**置戸町**	置戸小	**町教委**		0157-52-3315		○

東北地方

番号	市町村	学校名	担当者（敬称略）	職名	電話	メモ	協議会
山形県							
15	**川西町**	**東沢小**	**佐々木賢一**	協力会会長	0238-42-6325		○
宮城県							
16	**栗原市**	栗駒小 **栗駒中**	**くりこま自然学校松倉校**		0228-49-3155		**センター**

関東地方

番号	市町村	学校名	担当者（敬称略）	職名	電話	メモ	協議会
群馬県							
17	**上野村**	上野小 上野中			0274-59-2137 （かじかの里）		かじかの里、センター
山梨県							
18	早川町	早川南小 早川北小 早川中	町教委		0556-45-2547		
19	丹波山村	丹波小 丹波中	村教委		0428-88-0211		

中部地方

番号	市町村	学校名	担当者（敬称略）	職名	電話	メモ	協議会
新潟県							
20	粟島浦村	粟島浦小 粟島浦中	粟島浦村教委		0254-55-2111	併設	
長野県							
21	**大町市**	**八坂小** **八坂中**	**赤坂隆宏**	主任指導員	0261-26-2306		**八坂学園センター**
22		**美麻小** **美麻中**	**赤坂隆宏**	主任指導員	0261-26-2306	併設	**美麻学園センター**
23	**長野市**	大岡小 大岡中	**青木高志**	主任指導員	026-266-2037		**ひじり学園センター**
24	**北相木村**	北相木小 小学校継続生に限り中学生受け入れ	**山田隆一**	主任指導員	0267-77-2309		**センター**
25	**泰阜村**	泰阜小 泰阜中	齊藤新		0260-25-2851		**だいだらぼっちセンター**
26	阿智村	浪合小 阿智中			0265-47-2853		
27	**売木村**	**売木小** **売木中**	**戸田佐和子**	主任指導員	0260-28-2116		**売木学園**
愛知県							

28	豊根村	富山小 富山中			0536-89-2205		2015年3月で廃止

近畿地方

番号	市町村	学校名	担当者（敬称略）	職名	電話	メモ	協議会
三重県							
29	いなべ市	立田小			0594-46-2058		
滋賀県							
30	**大津市**	**葛川小**			077-599-2306		
		葛川中					
京都府							
31	**南丹市**	**知井小**	**澤田利通**	委員長	0771-77-0232		**四季の里センター**
奈良県							
32	**下北山村**	下北山小			07468-6-0901		
和歌山県							
33	**紀の川市**	**鞆渕小** **鞆渕中**			0736-79-0895	併設	**センター**
34	有田川町	安諦小			0737-26-0341		
35	紀美野町	毛原小			073-499-0130（小学校）	併設	
		長谷毛原中 地域団体“長谷毛原ワッショイ”が主催団体					
兵庫県							
36	**宍粟市**	**道谷小**			0790-73-0432		○ 2015年3月で廃止
37	**神河町**	**越知谷小**	**坂本明日香**	**主任指導員**	0790-33-0013		**やまびこ学園センター**

中国地方

番号	市町村	学校名	担当者（敬称略）	職名	電話	メモ	協議会
島根県							
38	**大田市**	**北三瓶小** **北三瓶中**	**稲井祐介**	主任指導員	0854-86-0700		**こだま学園センター**
山口県							
39	**岩国市**	*本郷小* *本郷中* 小学生からの継続生に限り中学生受け入れ	**佐古三代治**	所長	0827-75-2721		**センター**

四国地方

番号	市町村	学校名	担当者（敬称略）	職名	電話	メモ	協議会
徳島県							
40	**那賀町**	**北川小**			0884-69-2200		**センター**
41	**美波町**	伊座利小 由岐中伊座利分校			0884-78-0673	併設	○
高知県							
42	**大川村**	**大川小** **大川中**	**石川寿**	主任指導員	0887-84-2449 **（村教委）**	併設	**センター**
43	室戸市	中川内小 中川内中			0887-24-6001		
44	**馬路村**	**魚梁瀬小** **魚梁瀬中**			0887-42-2012	併設	○
45	安芸市	東川小			0887-32-3001		
46	**いの町**	本川中		本川教育事務所	088-869-2331		**みどり寮センター**
愛媛県							
47	**砥部町**	高市小			089-969-2310		**センター**

九州地方

番号	市町村	学校名	担当者（敬称略）	職名	電話	メモ	協議会
福岡県							
48	**八女市**	**星野小**	**石川信男**	センター長	0943-52-2288		**センター**
49	うきは市	姫治小			0943-77-3109		
50	宗像市	地島小			0940-62-1171		
佐賀県							
51	佐賀市	北山東部小			0952-57-2441		
大分県							
52	竹田市	城原市			0974-66-2013		
宮崎県							
53	**西都市**	**銀上小**	濵砂孝義	山村留学事務局	0983-46-2450		
		銀鏡中					
鹿児島県							
54	日置市	日新小			099-292-2021		
		扇尾小			099-292-2080		
55	三島村	三島小 三島中			09913-2-2106		
		竹島小 竹島中	山口六夫	事務局長	099-222-3141		
		大里小 大里中			09913-3-2237		
		片泊小 片泊中			09913-3-2200		
56	十島村	中之島小 中之島中			09912-2-2102		
		平島小 平島中			09912-2-2031		
	平島小 平島中	諏訪之瀬島分校 諏訪之瀬島分校			09912-2-2378		
		宝島小 宝島中			09912-4-2055		

	宝島小 宝島中	小宝島分校 小宝島分校			09912-4-2057		
		悪石島小 悪石島中			09912-3-2157		
		口之島小 口之島中			09912-2-2458		
57	南さつま市	笠沙小			0993-64-2001		
58	南九州市	神殿小			0993-56-1309		
59	阿久根市	田代小			0996-79-2001		
		大川小			0996-74-0007		
60	薩摩川内市	鹿島小 海星中	鹿島小が中心、鹿島中が休校になり、海星中へ進学		09969-4-2004		
61	さつま町	泊野小			0996-54-2003		
62	**霧島市**	**永水小**			0995-57-0367		○
		中津川小			0995-77-2429		
63	伊佐市	南永小			0995-23-5111		
64	姶良市	漆小			0995-52-8600		
65	湧水町	幸田小			0995-74-2708		
66	鹿屋市	高隅小			0994-45-2014		
67	曽於市	中谷小			0986-72-1108		
68	**中種子町**	**岩岡小**			0997-27-9501		○
69	**南種子町**	**茎南小**		教育委員会	0997-26-1111		
		西野小					
		大川小					
		島間小					
		平山小					
		花峰小					
		長谷小					

70	**屋久島町**	**永田小**	田中一巳	事務局	0997-45-2970		○
		金岳小			0997-49-2141		
		金岳中					
		栗生小	**羽生弘訓**	事務局	0997-48-2861		○
		八幡小			0997-47-2202		
71	宇検村	名柄小		教育委員会	0997-67-2261		
		名柄中					
		阿室小					
		阿室中					
72	徳之島町	手々小 手々中			0997-84-9631		
73	天城町	西阿木名 小三京			0997-85-9002		

沖縄県							
74	**南城市**	*久高小* *久高中*	池間健二	指導員	098-852-6323	併設	**久高島留学センター**

なお、上記以外に次のような山村留学と同じような所がある。

	沖縄県竹富町	**鳩間小学校**					

さらに、2012 年まで山村留学を実施し、現在は、対象を青少年にして相談にも応じてくれる所がある。

	福島県鮫川村	**明日飛学園**	**清水国明**	代表	0247-49-3344		**センター**

	NPO 法人全国山村留学協会（略称：山留協）		**事務局秋山雅光**		0422-56-0595		

	公益財団法人	**育てる会**	**青木厚志**	**代表理事**	0422-56-0151		

	公益財団法人	**育てる会 西日本連絡所**	**山本光則**	**常務理事**	0790-31-5455		

2004 ～ 12 年の期間、訪問調査した。ゴシック体は、学校・山村留学推進協議会（委員会）・里親の話を聞かせてもらった所、斜体は、場所の確認のみである。

担当者欄は、学校は転勤があるので載せなかった。山村留学推進委員会（協議会）、教育委員会は載せた。個人名でゴシック体は、筆者がインタビューした方である。

協議会欄は話を聞いた相手を示す。○印は協議会、センターとは山留センターで話を聞いたという意味である。

〔B〕NPO 法人全国山村留学協会の調査表に載っていない所

番号	市町村	学校名	協議会	
北海道				
1	**小清水町**	**中斗美小** *水上小* *北陽小*	○	
2	**上士幌町**	**東居辺小**	○	廃止
3	**白滝村**	**支湧別小**	○	
4	**斜里町**	**峰浜小** *三井小* *来運小*	○	廃止
5	**士幌町**	**下居辺小**		
6	**ひやま町**	**太櫓小**	**里親**	廃止
7	**天塩町**	*北産士小*		廃止
8	**新十津川町**	**吉野小**	○	廃止
9	**今金町**	**美利河小**	**里親**	廃止
10	**利尻町**	**仙法志中**	○、**里親**	廃止
11	**浜頓別町**	**下頓別小** **豊寒別小**	○ ○	廃止 廃止
12	**日高町**	*千栄小*		廃止

ゴシック体は、学校で話を聞き、山村留学推進協議会または委員会の方とも話した。斜体は、場所の確認のみ。

東北地方

番号	市町村	学校名	協議会	
岩手県				
13	**山形村**	**繋小**	○、**里親**	
秋田県				
14	**合川町**	*合川南小*	**センター、里親**	廃止

中部地方

番号	市町村	学校名	協議会	
新潟県				
15	**佐渡市**	**羽茂中** 小村小	**センター**	廃止
16	**松之山町**	浦田小 松之山中	**センター** ○	廃止
長野県				
17	**小谷村**	**中土小** 小谷中	**センター**	廃止
18	**王滝村**	*王滝小* *王滝中*	**センター**	中止
滋賀県				
19	**朽木村**	**朽木西小**		
20	**今津町**	**今津西小**		
21	**甲賀市**	**鮎河小**	○	
和歌山県				
22	**かつらぎ町**	**新城小**	○、**里親**	廃止

中国地方

番号	市町村	学校名	協議会	
島根県				
23	**都万村**	**那久小**		

四国地方

番号	市町村	学校名	協議会	
香川県				
24	*詫間町*	*粟島小* *粟島中*		廃止
高知県				
25	**池川町**	池川小 池川中	**センター**	廃止
愛媛県				
26	**中島町**	**野忽那小**	**○、里親、センター**	廃止

九州地方

番号	市町村	学校名	協議会	
福岡県				
27	**添田町**	*津野小* 津野中	○	
熊本県				
28	*菊鹿町*	*内田小*		廃止

2014年のＮＰＯ全国山村留学協会の調査表に載っていない所で、筆者が訪問調査した山村留学地については、

① 2004～12年に訪問した時の市町村名で書いてある。

②ＮＰＯ全国山村留学協会の調査アンケートの回答と筆者個人が問い合わせて判明した所のみ廃止を記載した。空欄は、把握できていない所である。山村留学生がその年にいなかった時には、調査アンケートに無回答の場合があるので、直ちに休廃止とは言えない。

③ゴシック体は、実際に話を聞いた所、斜体は、場所の確認のみである。その他は、学校を見ていない。

④協議会欄は話を聞いた相手を示す。○印は協議会、センターとは山留センターで話を聞いたという意味、里親とは里親から話を聞いた、という意味である。

⑤なお、これらの山村留学地は、2004年NPO法人全国山村留学協会の調査表に載っていたものである。

著者

三好 惇二（みよし・じゅんじ）

大阪府茨木市在住、72歳。

1943年　島根県日原町（現津和野町）で生まれる。

1965年　大阪学芸大学理学科を卒業し、大阪府寝屋川市の中学校教師（理科）となる。

1969年　立命館大学Ⅱ部文学部人文学科を卒業し、社会科担当に変わる。

1998年　わが子2人を山村留学へ出す。

2003年　定年退職し、山村留学修園生へのインタビューと全国山村留学地訪問を始める。

趣味：山を歩く、映画、読書、旧街道歩き（日本一周9,036km、ヨーロッパ縦断4,166kmを歩いて旅した）

山村留学へ行きませんか

2015年9月10日　　初版第一刷発行

著　者　　三好　惇二
発行人　　佐藤　裕介
編集人　　遠藤　由子、三坂　輝
発行所　　株式会社 悠光堂
　　　　　〒104-0045 東京都中央区築地6-4-5
　　　　　シティスクエア築地1103
　　　　　TEL　03-6264-0523　　FAX　03-6264-0524
印刷　　　明和印刷株式会社

Junji Miyoshi©2015　ISBN978-4-906873-47-0　C0037

友の会出版会